MARCO POLO

Paris

Reisen mit Insider Tipps

Diesen Reiseführer schrieben Gerhard Bläske, Korrespondent der »Wirtschaftswoche« in Paris, und Waltraud Pfister-Bläske, Mitarbeiterin am Goethe-Institut.

www.marcopolo.de

Infos zu den beliebtesten Reisezielen im Internet, siehe auch Seite 101

SYMBOLE

Insider Tipp **MARCO POLO INSIDER-TIPPS:**
Von unseren Autoren für Sie entdeckt

★ **MARCO POLO HIGHLIGHTS:**
Alles, was Sie in Paris kennen sollten

HIER HABEN SIE EINE SCHÖNE AUSSICHT

WO SIE JUNGE LEUTE TREFFEN

PREISKATEGORIEN

Hotels

€€€	über 120 Euro
€€	75–120 Euro
€	bis 75 Euro

Diese Preise gelten für zwei Personen pro Nacht im Doppelzimmer, ohne Frühstück.

Restaurants

€€€	über 45 Euro
€€	30–45 Euro
€	15–30 Euro

Diese Preise gelten für ein Menü am Abend mit Vor-, Haupt- und Nachspeise, ohne Wein.

KARTEN

[112 A1] Seitenzahlen und Koordinaten für den Cityatlas Paris, die Karte der Arrondissements und die Karte vom Großraum Paris

[0] außerhalb des Kartenausschnitts

Métro-Plan in der hinteren Umschlagklappe

Zu Ihrer Orientierung sind auch die Objekte mit Koordinaten versehen, die nicht im Cityatlas eingetragen sind.

GUT ZU WISSEN

INHALT

Die wichtigsten MARCO POLO Highlights

Sehenswürdigkeiten, Orte und Erlebnisse, die Sie nicht verpassen sollten

1 Arc de Triomphe
Vom zweiten Wahrzeichen der Stadt aus die Champs-Elysées und gleich elf weitere Avenuen überblicken (Seite 19)

2 Eiffelturm
Erst wenn man ihn gesehen hat, ist man wirklich in Paris angekommen (Seite 20)

3 Notre-Dame
Die weltberühmte, 800 Jahre alte Kathedrale ist ein beeindruckendes Zeugnis gotischer Baukunst (Seite 24)

4 Jardin du Luxembourg
Der viel besungene Park im Herzen der Stadt lädt zum Entspannen ein (Seite 27)

5 Place des Vosges
Bezaubernder alter Königsplatz mitten im lebendigen Marais-Viertel (Seite 31)

6 Ile de la Cité und Ile Saint-Louis
Die ruhigen Seine-Inseln mit ihren schicken Läden und Cafés verführen zum Bummeln und Flanieren (Seite 33)

7 Montmartre
Die Stadt wird gekrönt von der blendend weißen Basilika Sacré-Cœur auf diesem Hügel der Künstler (Seite 34)

Eine der berühmtesten Straßen der Welt: die Avenue des Champs-Elysées

Sacré-Cœur im abendlichen Licht

8 Saint-Germain-des-Prés
Im einstigen Literatenviertel trifft sich seit einiger Zeit wieder die internationale Schickeria (Seite 35)

9 Musée du Louvre
Im weitläufigsten Museum der Welt kann man Wochen verbringen (Seite 44)

10 Musée d'Orsay
Impressionisten in einem glanzvollen Belle-Epoque-Bahnhof (Seite 46)

11 Musée Picasso
Umfangreiche Sammlungen des Meisters in einem noblen Adelspalais des Marais-Viertels (Seite 46)

12 Le Train Bleu
Die königliche Pracht dieses Bahnhofsrestaurants im Gare de Lyon verschlägt einem fast die Sprache (Seite 54)

Place des Vosges mit Brunnen

13 Rue du Faubourg Saint-Honoré
Nicht enden wollende Shoppingmeile, auf der kaum einer der großen Modemacher fehlt (Seite 66)

14 Le Fumoir
Die Cafébar in der Nähe des Louvre mit ihrem eleganten Großstadtflair ist zu jeder Tages- und Nachtzeit einen Besuch wert (Seite 79)

15 Versailles
Ein Besuch beim Sonnenkönig ist ein Muss (Seite 93)

★ Die Highlights sind in der Karte auf dem hinteren Umschlag eingetragen

Entdecken Sie Paris!

Eine Schönheit mit vielen Gesichtern – Frankreichs Metropole ist immer wieder aufs Neue faszinierend

Stadt der Liebe, der Mode, der Gastronomie, der Kunst oder auch die Lichterstadt. Paris war schon immer eine Metropole, für die das Beste gerade gut genug war, eine Stadt der Superlative. Schneller, schöner, größer, glänzender als andere und das sicher nicht nur im Vergleich mit Berlin, der preußischen Kapitale, von der Friedrich der Große sagte, er habe nicht die törichte Anmaßung zu meinen, Berlin könne Paris aufwiegen. Es genügt, an einem Dezemberabend den dann von 135 000 Glühbirnen zum Glänzen gebrachten, 2,5 km langen Prachtboulevard Champs-Elysées entlangzuschlendern oder in dem zu jeder Tages- und Nachtzeit quirligen Studenten- und Vergnügungsviertel Saint-Germain-des-Prés von einem Straßencafé aus das bunte Treiben zu beobachten, um vom Virus dieser Stadt angesteckt zu werden.

Einen ersten Überblick können Sie sich beispielsweise von der Aussichtsplattform in der sechsten Etage des Centre Georges Pompidou verschaffen. Sie sind hier mitten im Zentrum von Paris und hoch genug, um das ganze Häusermeer zu überblicken. Die Stadt liegt wie ein offenes Geschichtsbuch unter Ihnen. Zu Ihren Füßen treibt das knallige Mobile des *Strawinsky-Brunnens* ein Wasserspiel voran. Weiter oben rücken die Türme der berühmten Kathedrale *Notre-Dame* in Ihr Blickfeld. Sie steht auf der *Ile de la Cité,* dem eigentlichen Ursprung der Stadt, auf der sich im 3. Jh. v. Chr. die Parisii ansiedelten. Ein bisschen weiter vorne sind die trutzigen Türme des ehemaligen Gefängnisses *Conciergerie* zu erkennen. Noch weiter vorn, leicht rechts, erstreckt sich der riesige Komplex des *Louvre,* des einstigen Königsschlosses, das heute das größte Museum der Welt beherbergt. Rechts hinten funkelt die goldene Kuppel des *Invalidendoms,* in dem Napoléon seine letzte Ruhe-

Savoir-vivre: Hier weiß man zu leben

Gegensätzliches in Harmonie: Kunst aus allen Epochen zeigt der Louvre

Die Pariser Straßencafés sind kleine Oasen im Trubel der Weltstadt

stätte gefunden hat. Nicht weit davon entfernt ragt das Symbol der Stadt, der *Eiffelturm,* hervor. Ganz rechts schließlich, weit im Westen, erheben sich die Wolkenkratzer von *La Défense,* der größten Bürostadt Europas. Schauen Sie noch weiter nach rechts, in Richtung Norden – dort krönt die weiß blendende Kirche *Sacré-Cœur* den höchsten Punkt des einstigen Künstlerhügels Montmartre.

»Paris: mehr als nur Bauwerke und Museen«

Seit vielen Jahrhunderten ist Paris lebendiger politischer, wirtschaftlicher und kultureller Mittelpunkt Frankreichs und eine der großen Metropolen dieser Welt. Zumeist Sitz des Königs und der Regierung, war die Stadt mit ihren zahlreichen Hochschulen seit dem Mittelalter ein geistiges Zentrum Europas, Schaffensstatt unzähliger Künstler, Schriftsteller und Architekten und immer auch Quell der Unruhe, von Aufständen. Paris war Schauplatz vieler Revolutionen. Die eine, große, von 1789 wurde mit ihrer Losung »Freiheit, Gleichheit, Brüderlichkeit« sogar zum Symbol des Kampfs gegen die Unterdrückung, obwohl die erkämpften Rechte vor allem dem Bürgertum, nicht aber den unteren Volksschichten zugute kamen. Die »Französische Revolution« wurde dennoch zum Fanal für die Freiheitsbewegungen vieler Länder. Eine andere Revolution, die Pariser Kommune von 1871, war ein dramatischer Aufstand der Pariser Bevölkerung, die nach einer fünfmonatigen Belagerung der Stadt durch die deutschen Truppen von Bombardements und Nahrungsknappheit geschwächt war. Die aufständischen Arbeiter und Handwerker widersetzten sich mit Waffengewalt den Anordnungen der neuen republikanischen Regierung, die nach der Abdankung von Kaiser Napoleon III. gebildet worden war, und bildeten eine Art Räterepublik. Doch der teilweise unter dem Einfluss revolutionärer Sozialisten stehende Aufstand wurde in wochenlangen Straßenkämpfen durch die unter dem Befehl der nach Versailles ausgewichenen Regierung stehenden Truppen blutig niedergeschlagen. Obwohl der Bewegung eine klare politische Ausrichtung fehlte, wurde sie im Nachhinein von Karl Marx zur ersten kommunistischen Revolution verklärt.

»Boulevards, alte Gassen, Straßencafés«

Streiks und Demonstrationen gibt es in Paris noch heute häufig, und auch wenn sie längst keine weltgeschichtlichen Auswirkungen mehr haben, so fürchtet sich doch jede französische Regierung vor der Mobilisierung der Straße. Die Probleme des gigantischen Ballungszentrums – im gesamten Großraum leben 11 Mio. Menschen – sind im Allgemeinen mit denen anderer Städte dieser Größe vergleichbar: Riesige Verkehrs- und Umweltprobleme, an denen Paris schier zu ersticken droht. Luxussanierungen und horrende Mieten, die sozial Schwache und Einwanderer in immer größerem Maß in die tristen Wohnblocks der Vorstädte drängen.

Doch die Stadt hat schon so viele Umbrüche, politische Umwälzungen und Krisen erlebt und gleichwohl nichts von ihrer Faszination verloren. Was macht eigentlich das besondere Flair aus? Für die einen sind es die großen Boulevards, auf denen sich wunderbar flanieren lässt. Andere bummeln durch die Rue du Faubourg Saint-Honoré mit ihren Luxusboutiquen oder kaufen in weltberühmten Kaufhäusern wie den Galeries Lafayette oder Printemps ein, die sich besonders im Dezember mit ungewöhnlichen Dekorationen inszenieren. Wieder andere erkunden die unglaubliche Vielzahl der Museen von Weltruf, sitzen in einem Straßencafé oder in einem der vielen Parks – oder sie lassen sich einfach treiben.

Selbst das alte Paris, das kleinstädtische, oft dörfliche, sozial ungeschminkte Paris gibt es noch. Hübsche Gassen, windschiefe, niedrige Häuser mit kleinen Cafés oder gemütlichen Restaurants, Geschäfte mit ihren bunten Auslagen, vor denen angeregt geplauscht wird, die Hektik, wenn frische Ware angeliefert wird, oder die faszinierenden Märkte mit ihren bunten Lebensmittelauslagen aus Obst, Gemüse, vielerlei Käsesorten, Fleisch, Wurst und Kuchen, deren Händler ihre Ware oft lauthals anpreisen.

Dieses Alt-Pariser Ambiente kann man etwa finden an der baumbestandenen Place du Marché Sainte-Cathérine im Marais, am Tag der »Fête de la Musique«. An jedem 21. Juni, wenn die Straßen der Stadt voller Musik sind, tanzen hier Jung und Alt, Franzosen und Ausländer, Homos und Heteros gemeinsam zu Chansons der 1930er-Jahre. Es ist auch zu spüren bei einem Spaziergang hinter der *Bastille* am Canal Saint-Martin mit seinen Schleusen und Brückchen, hinter dem *Panthéon* um die Rue Mouffetard oder im alten Arbeiterviertel Belleville, dort, wo die weltberühmte Sängerin Edith Piaf geboren wurde.

Doch man sollte sich hüten vor der Idealisierung einer nicht wirklich besseren Zeit, die von oft haarsträubenden sozialen und hygienischen Verhältnissen geprägt war. Diese waren mit ein Grund für die aufrührerische und revolutionäre Einstellung der Pariser Bevölkerung, die für die Herrschenden immer eine Gefahr bedeutete. Nicht zuletzt deswegen ließ der Baron Georges Haussmann, Präfekt Napoleons III., im 19. Jh. rücksichtslos riesige Breschen, die heute prächtigen Boulevards, in die noch mittelalterliche Stadt schlagen. So konnte man die Bevölkerung besser kontrollieren, aber auch die hygienische Situation wurde verbessert.

Die mitunter aufrührerische und raue Art der Stadtbewohner in der Vergangenheit prägt bestehende Vorurteile über die Pariser bis heute. Sie gelten nicht gerade als besonders herzlich – und können doch äußerst charmant sein, haben häufig Eleganz und viel Sinn für Ästhetik. Aber vor Verallgemeinerungen sollte man sich hüten, denn »den« Pariser gibt es gar nicht. Paris bestand schon immer aus einem bunten Gemisch von Menschen verschiedener Herkunft. Früher waren dies Bretonen, Auvergnaten, Elsässer und Basken, die auf der Suche nach einem besseren Leben kamen und die Stadt bereicherten, die Elsässer etwa mit ihren Brasserien. Später kamen Afrikaner, die heute an der Goutte d'Or jeden Sonntag einen herrlich bunten Markt abhalten, oder die Chinesen, die um den Place d'Italie siedeln, dort ihre eigenen Märkte, Geschäfte und Restaurants eröffnet haben.

» ***Tolerant, multikulturell und kreativ*** «

Paris ist eben multikulturell und tolerant. Eine Stadt, die politisch Verfolgte, Revolutionäre wie Karl Marx oder Leo Trotzki, aber auch Flüchtlinge vor der Nazi-Diktatur aufgenommen hat. Eine Stadt, die immer Künstler angezogen hat. Es ist kein Zufall, dass wichtige Strömungen der Malerei wie Impressionismus oder Kubismus gerade hier ihren Anfang nahmen. Maler wie Auguste Renoir, Vincent van Gogh und Pablo Picasso, Schriftsteller wie Heinrich Heine, Voltaire, Victor Hugo, Honoré de Balzac, Charles Baudelaire, Marcel Proust, Ernest Hemingway, Julian Greene und Jean-Paul Sartre lebten und arbeiteten hier. Die Künstler trafen sich in heute berühmten Cafés und Brasserien, selbstverständlich links der Seine, *rive gauche.* Da, rund um die Universität Sorbonne, liegt seit jeher das geistige Zentrum der Stadt. Die meisten dieser Treffpunkte wie das *Procope,* das *Le Flore* oder das Existenzialistendomizil *Les Deux Magots* im Quartier Latin und die *Closerie des Lilas* im einstigen Künstlerviertel Montparnasse existieren immer noch und werden gern besucht.

Für Touristen sind diese Lokale willkommene Ruhezonen in der an Attraktionen so reichen Metropole, die nicht aufhört, sich zu verändern – wie eine kapriziöse Schöne, die sich ständig von einer anderen Seite zeigt. Mal ernst, mal ausgelassen, mal verrucht, mal bieder und seriös, mal alt, dann aber auch wieder ganz jung und faltenlos. Altes, darunter leider allzu oft Unwiederbringliches, wird gnadenlos abgerissen. Neue, ehrgeizige Projekte, die häufig eine politische Botschaft transportieren, entstehen. »Man kann keine große Politik ohne große Architektur machen«, sagte der frühere Präsident François Mitterrand einmal. Unter seiner Ägide entstanden die große, neue Bibliothèque Nationale de France im Osten der Stadt, das neue Stadtviertel Bercy, der große Bogen in La Défense und die Glaspyramide vor dem Louvre. Die der Staatsgewalt notorisch misstrauisch gegenüberstehenden Pariser maulen und schimpfen zwar, doch sie nehmen vieles nach kurzer Zeit wie selbstverständlich an, so wie einst auch den zunächst heftig umstrittenen Eiffelturm.

»Tradition und Moderne: die Quartiers«

Spektakuläre neue Großprojekte stehen angesichts der leeren öffentlichen Kassen momentan nicht an. Dennoch entwickelt sich die Stadt ständig weiter, erneuert sich gewissermaßen selbst. Auf der Suche nach günstigeren Mieten und auf der Flucht vor dem Kommerz sind junge Leute, Künstler und andere in Viertel abgewandert, die noch vor Jahren Rückzugsgebiete sozial Schwacher oder von Immigranten waren. Neue In-Quartiere sind so entstanden: vor einiger Zeit schon die Gegend um die Bastille, die Rue Oberkampf und den Place de la République, seit kurzem sind auch Belleville und der Butte-aux-Cailles angesagt.

Für Parisbesucher erschließen sich Sehenswürdigkeiten, Museen, Parks und traditionelle Viertel, die *quartiers,* relativ leicht. Das Stadtgebiet ist recht klein, übersichtlich in 20 Arrondissements eingeteilt, mit Métro und Bus gut erschlossen. Lassen Sie sich inspirieren von dieser vielschichtigen, alten und doch immer wieder jungen Stadt!

Blick auf einen Teil des ehemaligen Künstlerviertels Montparnasse

An der Seine und in der Métro

In Paris lohnt es sich zu leben – das zeigt die Stadt ihren Besuchern jeden Tag aufs Neue

Bücher über Paris
Walter Benjamin war der Ansicht, dass es in Paris kein Monument gäbe, von dem nicht ein Meisterwerk der Dichtkunst inspiriert worden sei, und das kann man nachvollziehen, wenn man Patrick Süskinds Helden in »Das Parfüm« auf seinen Spaziergängen durch die Stadt begleitet. Auch in Emile Zolas »Der Bauch von Paris« über die historischen Markthallen oder in Victor Hugos »Der Glöckner von Notre-Dame« wird das alte Paris lebendig. Während später Marcel Proust in seiner »Suche nach der verlorenen Zeit« Adel und Großbürgertum um die Jahrhundertwende charakterisiert, schildert Simone de Beauvoir in den »Mandarins von Paris« den Zerfall der intellektuellen Führungsschicht. Viel Pariser Flair atmen die Kriminalromane Georges Simenons mit Kommissar Maigret. Neueren Datums ist Frédéric Beigbeiders »99 Francs«, das die moderne Konsum- und Werbewelt in Frage stellt. In »Dichter und Bohemians – Literarische Streifzüge durch Paris« führt der Journalist Georg Stefan Troller seine Leser anhand von Anekdoten durch mehrere Jahrhunderte Pariser Kulturgeschichte.

Nur eins von mehreren Pariser Wahrzeichen: der Arc de Triomphe

Crottes
Millionen von Touristen und Parisern dürften schon in einen der vielen Hundehaufen hineingetreten sein. Trotz vieler Appelle, den Hundekot wegzuräumen, und trotz der städtischen Motorräder, die die Hinterlassenschaften der rund 300 000 Pariser Hunde mit einer Art Staubsauger in Tanks befördern, ist dieser Malaise bisher nicht beizukommen. Immerhin 20 t Kot landen täglich auf Pariser Bürgersteigen und Straßen. Doch solange nicht wirksame Strafen verhängt werden, wird sich an der Situation wohl nicht viel ändern.

Lebenswertes Paris
Paris droht am Autoverkehr zu ersticken. Bürgermeister Bertrand Delanoë hat sich deshalb den Kampf gegen den Verkehrsinfarkt auf die Fahnen geschrieben. Die Stadtverwaltung will die Autos mittel- bis langfristig aus dem Zentrum verbannen, die Seine-Schnellstraße sperren und den Pariser Autobahnring Boulevard Périphérique überdachen und bepflanzen. Neue Straßenbahnlinien und Rad-

wege sowie Fahrrad-Verleihstationen *(Paris à vélo c'est sympa)* entstehen schon jetzt. An der Stadtautobahn, zum Beispiel an der Porte de Clichy, sind zur Beseitigung der Wohnungs- und Büroknappheit anspruchsvolle Hochhäuser geplant. Geht es nach dem Bürgermeister, parken die Autos künftig vor der Stadt, werden neue Parks angelegt und vermehrt Stadtteiltheater gebaut. Kurz: Paris soll wieder den Parisern und den Touristen gehören.

Les Halles

Wo einst die legendären Markthallen standen, befindet sich heute ein Schandfleck der Stadt: ein hässliches Einkaufszentrum. Die meisten Pariser wollen *Les Halles* am liebsten weghaben, doch was soll an ihre Stelle treten? Bürgermeister Bertrand Delanoë hatte einen Architektenwettbewerb ausgeschrieben, doch der Vorschlag des Gewinners David Mangin, der einen Garten und ein in 9 m Höhe hängendes Riesendach aus Glaslamellen und Kupfer entworfen hat, wird nie Wirklichkeit werden. Delanoë kann sich damit nicht anfreunden. Ihm schwebt ein »elegantes und leichtes Bauwerk« vor, für das ein neuer Wettbewerb ausgeschrieben wird. Das Warten geht also noch einige Zeit weiter.

Métro

Nicht die älteste U-Bahn der Welt, aber sicher eins der am dichtesten geknüpften Netze. Es soll keinen Punkt in Paris geben, der mehr als 600 m von einer der knapp 300 Stationen entfernt liegt. Zwar rattern die Züge oft nicht gerade besonders schnell über die Gleise. Doch angesichts des täglichen Verkehrschaos an der Oberfläche ist die täglich 5 Mio. Passagiere transportierende Métro, die 1900 eingeweiht wurde, ein empfehlenswertes Fortbewegungsmittel in Paris. Vereinzelt zeugen noch schöne Jugendstileingänge von Hector Guimard, beispielsweise an der Station Abbesses, von der Anfangszeit der U-Bahn. Schick und hochmodern dagegen ist die fahrerlose Linie 14.

Picknick

Picknicks in der Stadt sind schwer in Mode, und zwar überall dort, wo sich ein geeigneter Fleck dafür findet, auf kleinen Plätzen, Terrassen, in Parks, auf Brücken, an der Seine. Wer en vogue sein will, kommt mit einem schicken Picknickkoffer oder -korb, wie es sie seit einiger Zeit an jeder Ecke zu kaufen gibt. Angesagt sind Bio- oder Diäthäppchen mit Gemüse, kleine Gürkchen, Karotten, Cocktailtomaten und Tapas, manchmal auch Sushi. All das serviert man sich in Alu- oder Porzellangeschirr, und es kommt aus Frischhaltegeräten, damit der Minztee, der Fruchtsaft oder der Rosé angenehm temperiert bleiben.

Rauchen

Frankreich ist traditionell ein Raucherland, und der Klischee-Franzose ist ohne die Gauloise im Mundwinkel gar nicht vorstellbar. Das soll bald vorbei sein. Angesichts von jährlich 60 000 Toten durch Tabakkonsum hat sich die Regierung dem Kampf gegen das Rauchen verschrieben und die Steuern auf Zigaretten so drastisch erhöht, dass das Land bei den Zigarettenpreisen jetzt im europäischen Spitzenfeld liegt. So soll mehr Geld in die leeren Staatskassen fließen und die Kosten im Gesundheitswesen gesenkt werden. In vielen Restaurants und Cafés wird zwar noch immer kräftig gequalmt, doch die Nichtraucherecken in Lokalen *(espaces non-fumeurs)* werden zunehmend respektiert, und es wird sogar über ein totales Rauchverbot in Cafés und Restaurants diskutiert. Eine wachsende Zahl von Hotels und Lokalen ist übrigens schon jetzt ganz rauchfrei, erkennbar am Aufkleber »Ici c'est 100% sans tabac«. Liste im Internet *(www.parisinfo.fr)*.

Seine

Die Bedeutung der Seine für die Entwicklung von Paris spiegelt sich im Stadtwappen, auf dem ein Handelsschiff zu sehen ist. Viele berühmte Brücken verbinden linkes und rechtes Seine-Ufer, *rive gauche* und *rive droite*. Doch in den letzten Jahrzehnten hatte Paris dem Fluss mit dem Bau mehrspuriger Uferschnellstraßen und durch starke Verschmutzung übel mitgespielt. Nun soll die Seine ihren alten Stellenwert zurückgewinnen. Seit zwei Jahren wird in jedem August die Schnellstraße am Fluss gesperrt. Im Rahmen der Aktion »Paris Plage« (Pariser Strand) wird dann reichlich Sand aufgeschüttet, werden Palmen aufgestellt und Liegestühle vermietet, Kioske installiert und Konzerte gegeben. Auch soll es bald Schwimmbäder auf am Ufer verankerten Kähnen geben.

Streiks

Irgendwo wird immer gestreikt. Mal sind es die Postbeamten, dann die Müllmänner oder – leider relativ häufig – die Beschäftigten von Métro, RER oder Eisenbahn. Nichts geht dann mehr, weil die Straßen verstopft sind und es kein Fortkommen mehr gibt. Viele Pariser sind genervt, doch die meisten bleiben gelassen – ein Streik ist eben Teil ihres Lebens.

Die »promenade« am Seine-Ufer gehörte schon immer zum Pariser Leben

Feste, Events und mehr

Paris bietet jedem etwas: Musik, Theater, Kino, Sport, Kultur und Paraden

Veranstaltungen und andere Festivitäten sind eine gute Gelegenheit, die Pariser besser kennen zu lernen. Initiativen der neuen Stadtverwaltung haben das ohnehin reichhaltige Angebot noch erweitert. Viele der Veranstaltungen können Sie kostenlos besuchen.

14. Juli: Pauken und Trompeten

Feiertage

1. Januar; **Ostermontag**; **1. Mai** *(Tag der Arbeit)*; **8. Mai** *(Ende des Zweiten Weltkriegs)*; **Himmelfahrt**; **14. Juli** *(Nationalfeiertag)*; **15. August** *(Mariä Himmelfahrt)*; **1. November** *(Allerheiligen)*; **11. November** *(Waffenstillstand 1918)*; **25. Dezember**

An den wichtigsten Feiertagen sind die meisten Museen geschlossen, etliche Geschäfte und Restaurants haben aber geöffnet, ebenso wie Kinos und Theater.

Veranstaltungen

Januar

Prix d'Amérique: weltberühmtes Trabrennen im Hippodrome de Vincennes (letzter Sonntag)

Februar

Chinesisches Neujahrsfest: farbenprächtiger Umzug um den Place d'Italie (variabler Termin)

März

Foire à la Brocante et au Jambon: große und hochinteressante Antiquitätenmesse, RER A: Chatou-Croissy (März/April u. Oktober)
Banlieues Bleues: Jazzfestival allerersten Rangs in Saint-Denis und anderen Vororten (bis Anfang April)

April

Paris-Marathon: Start um 9 Uhr auf den Champs-Elysées (letzter Sonntag)

Printemps des Musées: Museumsfrühling mit freiem Eintritt in alle Museen (ein Sonntag zwischen März und Mai)

Mai

Roland Garros: internationales Grand-Prix-Tennisturnier im Bois de Boulogne (Ende Mai bis Anfang Juni)

Insider Tipp *Paris Jazz Festival:* Gratiskonzerte internationaler Jazzgrößen im Parc Floral des Bois de Vincennes (jedes Wochenende bis Juli)

Juni

Insider Tipp *Concours International des Roses:* Klassikkonzerte zur Rosenblüte im Parc de Bagatelle

Festival de Saint-Denis: Klassisches Musikfestival (ca. vier Wochen ab Ende Mai)

★ *Fête de la Musique:* An fast jeder Ecke der Stadt gibt es die ganze Nacht Gratiskonzerte (21./22. Juni)

Gay-Parade: Umzug der Schwulen und Lesben von der Porte Dorée zur Bastille (vierter Samstag)

Juli

Nationalfeiertag: große Militärparade auf den Champs-Elysées und Feuerwerk auf dem Place du Trocadéro, am Vorabend überall auf öffentlichen Plätzen Volksfeste mit Tanz (14. Juli)

Tour de France: Schlussetappe mit Ziel auf den Champs-Elysées (meist letzter Sonntag)

Quartier d'Eté: viele schöne Gratiskonzerte in Parks und auf kleinen Plätzen (Mitte Juli bis Mitte August)

Openair-Kino: kostenloses Freilichtkino im Parc de la Villette (Mitte Juli bis Mitte August)

September

★ *Festival d'Automne:* Herbstfestival mit zum Teil spektakulären zeitgenössischen Theater-, Musik- und Tanzinszenierungen (bis in den Dezember)

Journée du Patrimoine: freier Eintritt in ansonsten fürs Publikum unzugängliche öffentliche Gebäude (drittes Wochenende)

Oktober

Fête des Vendanges: Weinlese am Montmartre (erster Samstag)

Fiac: umfangreiche zeitgenössische Kunstmesse, Paris Expo (fünf Tage im Monat)

Insider Tipp *Nuit Blanche:* Paris macht die ganze Nacht durch mit Musik- und Kunst-Happenings an teilweise ungewöhnlichen Orten – sogar im Rathaus (meist erster Samstag)

Gay-Parade: Leichtigkeit des Seins

Très intéressant – das sollten Sie sehen!

Superlative und kleine Entdeckungen: Paris hat viel mehr zu bieten als Eiffelturm und Notre Dame

Ob Sie den Superlativen nachjagen und Ausschau nach den höchsten Türmen, den größten Plätzen und den teuersten Läden halten, oder ob Sie in verwinkelten Gassen Alt-Pariser Charme suchen – was Sie aus Ihrem Paris-Aufenthalt machen, hängt allein von Ihnen und Ihren Vorlieben ab. Jeder Stadtteil, jedes Quartier weist seine eigene Note auf. Tendenziell ist der Westen von Paris eher aristokratisch-nobel, der Osten volkstümlich-lebendig.

Damit die Stadterkundung nicht zur Stresstour wird, sollten Sie zwischendurch unbedingt einen der oft prachtvollen Parks aufsuchen oder sich in einem der zahlreichen Cafés entspannen. Mitunter können selbst die vorbeiflanierenden Leute durchaus »sehenswert« sein. Noch ein Tipp für Laufmüde: Mit der Buslinie 73 können Sie von La Défense über den Arc de Triomphe, die Champs-Elysées, den Place de la Concorde bis zum Musée d'Orsay eine ganze Reihe der wichtigsten Sehenswürdigkeiten bequem und günstig an sich vorbeiziehen lassen.

Zwei dieser allegorischen Brunnen zieren den Place de la Concorde

Hinweis auf die Métro im Jugendstil

BAUDENKMÄLER

Arc de Triomphe **[120 B–C1]**

★ Auf der eindrucksvollen Sichtachse zwischen dem kleinen Bogen am Louvre und dem großen Bogen von La Défense erhebt sich das 50 m hohe Wahrzeichen, das Jean François Chalgrin nach antikem Vorbild gestaltete. Nachdem Napoleon den Bau 1806 zu Ehren seiner »Großen Armee« in Auftrag gegeben hatte, sollte es bis zu dessen Fertigstellung noch 30 Jahre dauern. Unter dem Bogen befindet sich das *Grabmal des unbekannten Soldaten,* das Ausgangspunkt für die Militärparaden am 14. Juli ist. Eine unterirdische Passage nahe der Métrostation am Place Charles de Gaulle-Etoile führt vorbei an einem kleinen Museum zur Geschichte des Triumphbogens und zum Zu-

Der Ingenieur und sein Werk: Büste von Gustave Eiffel unterm Eiffelturm

gang zur Aussichtsplattform. Der Blick von dort oben ist phänomenal, zumal an diesem Platz zwölf Avenuen sternenförmig zusammenlaufen. *Tgl., April–Sept. 10–23 Uhr, Okt.–März 10–22.30 Uhr, 8 Euro, M 1, 2, 6/RER A: Charles de Gaulle-Etoile*

Conciergerie **[123 D5–6]**

Als »Vorzimmer zur Guillotine« – so wird das ehemalige Gefängnis makabererweise genannt – dokumentiert dieses mächtige Bauwerk auf der Ile de la Cité eine tragische Episode der französischen Geschichte. Die berühmtesten unter den mehr als 2000 Häftlingen, die hier ihrer Hinrichtung entgegensahen, waren die Königin Marie Antoinette (ihre Zelle wurde wieder hergerichtet) sowie die Revolutionäre Georges Danton und Maximilien de Robespierre. Ursprünglich war der mit seinen Rundtürmen malerisch wirkende Bau ein Palast der Herrscherdynastie der Kapetinger aus dem 10. Jh. Der *Salle des Gens d'Armes* gilt als eins der eindrucksvollsten Beispiele gotischer Profanarchitektur. Der Name leitet sich übrigens von *concierge* für Haushofmeister her, der ab etwa 1300 vom König mit großer Macht ausgestattet wurde. *Tgl. außer feiertags, April–Sept. 9.30–18 Uhr, Okt.–März 9–17 Uhr, 6,10 Euro (inkl. Sainte-Chapelle 9 Euro), 1, Quai de l'Horloge (1. Arr.), M 4: Cité*

Eiffelturm (Tour Eiffel) **[120 B5]**

★ Ohne den Eiffelturm wäre Paris nicht Paris. Das 300 m hohe Wahrzeichen war lange das höchste Bauwerk der Welt. Von Gustave Eiffel anlässlich der 100-Jahr-Feier der französischen Revolution und der Weltausstellung 1889 errichtet, war das Stahlgebilde zunächst heftig umstritten. Ursprünglich sollte der Turm nur 20 Jahre stehen. Wegen seiner Bedeutung als meteorologische Station sowie später für die Flugsicherung und als Funk- und Fernsehstation blieb er schließlich stehen.

Von der ersten Plattform in 115 m Höhe bietet sich Ihnen eine eindrucksvolle Panoramasicht über Paris, von der obersten Ebene in 274 m Höhe reicht der Blick an klaren Tagen bis weit in das Pariser Becken. Vom *Palais de Chaillot (M 6, 9: Trocadéro)* haben Sie den besten Blick auf den Eiffelturm selbst. *Tgl. 9.30–23 Uhr, 19. Juni–29. Aug. 9–24 Uhr, Treppe bis 18.30 bzw. 24 Uhr, Aufzug/Treppe: 1. Etage 3,70/3,30 Euro, 2. Etage 7/3,90 Euro, 3. Etage 10,70/5,50 Euro, Champ de Mars (7. Arr.), M 6: Bir Hakeim, www.tour-eiffel.fr*

Grand und Petit Palais **[121 E3]**
Beide wurden anlässlich der Weltausstellung 1900 errichtet und symbolisieren mit ihrem opulenten historisierenden Figurenschmuck eine der fruchtbarsten kulturellen Epochen von Paris. Besonders die Eisen-Glas-Konstruktion und die Kuppeln machen sie zu einem Kleinod des Jugendstils und der Belle Epoque. Während es im *Grand Palais* ausschließlich Wechselausstellungen von hohem Rang gibt, findet man im Ende 2005 wiedereröffneten, aufwändig restaurierten *Petit Palais* eine Dauerausstellung mit Kunstgegenständen und Gemälden aus dem 18./19. Jh. (Eintritt frei). *3, av. du Général Eisenhower u. av. Winston Churchill (8. Arr.), M 1, 13: Champs-Elysées-Clemenceau*

MARCO POLO Highlights »Sehenswertes«

★ **Arc de Triomphe**
Das Tor zu Ehren der napoleonischen Armee (Seite 19)

★ **Eiffelturm**
»La Dame en Fer« – die eiserne Dame (Seite 20)

★ **Notre-Dame**
Strebebögen, Wasserspeier und Portale (Seite 25)

★ **Cimetière Père Lachaise**
Zu den Gräbern der Großen: Pilgerstätte (Seite 37)

★ **Jardin du Luxembourg**
Prachtvolle Parkanlage mit Palais nach Florentiner Vorbild (Seite 28)

★ **Place de la Concorde**
Monumentaler Platz der Superlative (Seite 31)

★ **Place des Vosges**
Alter Königsplatz mit neuem, frischem Flair (Seite 31)

★ **Montmartre**
Auf den Spuren berühmter Künstler (Seite 34)

★ **Saint-Germain-des-Prés**
Früher Viertel der Bohème – heute der Touristen (Seite 35)

★ **Ile de la Cité und Ile Saint-Louis**
Voller Leben: die Keimzelle der Stadt (Seite 33)

Hôtel de Ville und Place de l'Hôtel de Ville [123 E5]

Nach einem Brandanschlag ist das Rathaus 1882 im Stil der Neorenaissance neu aufgebaut worden. An seiner Fassade finden sich Skulpturen von mehr als hundert in Paris geborenen Persönlichkeiten. Im Mittelalter erstreckte sich der damals noch zentral gelegene Platz vor dem Gebäude bis zur Schiffsslände an der Seine hinunter. Wo damals Volksfeste und Hinrichtungen stattfanden, gibt es heute Kundgebungen und im Winter eine künstliche Eislaufbahn mit Flutlicht. *Mo–Fr, Eintritt frei, tel. Anmeldung erforderlich: 01 42 76 50 49, (4. Arr.), M 1, 11: Hôtel de Ville*

Invalides [121 E5–6]

Das *Hôtel des Invalides* ist nach Versailles der zweite gigantische Baukomplex, der unter Ludwig XIV. errichtet wurde. Der »Sonnenkönig« ließ ihn für die Versehrten unter seinen Kriegsveteranen bauen. Damit die ehemaligen Soldaten nicht zum Betteln oder Stehlen gezwungen waren, wurden bis zu 3000 Invaliden bei strenger Zucht und guter Versorgung in eigens eingerichteten Werkstätten beschäftigt. Neben der Soldatenkirche bildet der barocke *Dôme des Invalides* mit seiner goldglänzenden Kuppel den Höhepunkt der Anlage. Unter der Kuppel thront das *Grabmal Napoleons.* Das daran angegliederte *Armeemuseum* ist eins der größten dieser Art weltweit und dient dem Ruhm der französischen Armee. *Tgl., April–Sept. 10–18 Uhr, Okt. bis März 10–17 Uhr (im Winter 1. Mo im Monat geschl.), 7 Euro, Esplanade des Invalides (7. Arr.), M 8: La Tour-Maubourg, M 13: Varenne, www.invalides.org*

Disneyland Paris

Micky Maus im Land von Asterix

Das Märchentraumland Walt Disneys mit den rosafarbenen Phantasieschlössern und Hotelburgen liegt zwar nur knapp 40 km vom Pariser Stadtzentrum entfernt, ist jedoch ein eigener Kosmos. Mickey und seine Freunde sowie der im Frühjahr 2002 eröffnete zweite Themenpark, der der Faszination von Kino, Multimedia und Fernsehen gewidmet ist, ziehen jährlich über 12 Mio. Besucher aus aller Welt an. Damit ist das Pariser Disneyland die europaweit wichtigste Touristendestination. Die in viel Grün eingebettete neue Stadt *Marne-la-Vallée* verfügt über enorme Hotelkapazitäten, viele Restaurants und eine hervorragende Zuganbindung nach Paris. Zu dem Komplex gehört auch ein riesiges Einkaufszentrum im Stil alter Pariser Markthallen mit angeschlossenem Fabrikverkauf. *RER A: Marne-la-Vallée (Disneyland Paris)* oder *Val d'Europe (Einkaufszentrum; auch Bahnhof für den TGV), www.disneylandparis.com.* Ausführliche Informationen im MARCO POLO »Disneyland Paris«.

Die Widmung des Panthéon: »Den großen Männern das dankbare Vaterland«

Panthéon **[129 D2]**
Von weitem sichtbar thront der mächtige Kuppelbau auf dem Hügel von Sainte-Genovève. Ludwig XV. ließ das Gebäude 1756 von seinem Baumeister Jacques-Germain Soufflot zur Erfüllung eines Gelübdes gegenüber der Pariser Schutzheiligen Genoveva errichten. Bereits kurz nach der Revolution empfing die Kirche die sterblichen Überreste großer Franzosen wie Voltaire, Jean-Jacques Rousseau und Emile Zola. Seit der Überführung des Leichnams von Victor Hugo 1885 ins Panthéon dient die zeitweise auch als Gebetshaus genutzte Kirche endgültig als Mausoleum. Sie können auch die Galerie der Kuppel besteigen, von der aus der Physiker Léon Foucault seinen berühmten Pendelversuch zum Nachweis der Achsendrehung der Erde durchgeführt hat *(10–12 u. 13.30–17.30 Uhr). Tgl., April–Sept. 10–18.30 Uhr, Okt.–März 10–18.15 Uhr, 7 Euro (Okt.–März jew. 1. So im Monat frei), pl. du Panthéon (5. Arr.), M 10: Cardinal Lemoine, RER B: Luxembourg*

BRÜCKEN

Passerelle de Solférino **[122 A4]**
Die Leichtigkeit dieser erst 1999 fertig gestellten Fußgängerbrücke über die Seine fasziniert. Abseits des Autoverkehrs den Blick über das Musée d'Orsay, andere Brücken und Sehenswürdigkeiten der Stadt schweifen lassen – kein Wunder, dass nicht wenige Pariser und Touristen diesen Ort auch als Picknickplatz nutzen. *(1./7. Arr.), M 12: Assemblée Nationale*

Pont Alexandre III **[121 E4]**
Zar Alexander III. legte 1896 persönlich den Grundstein zu dieser prunkvollsten Brücke von Paris, die

Die Pont Alexandre III ist nur eine der 35 Pariser Seine-Brücken

das Grand Palais und die Esplanade des Invalides miteinander verbindet. Bei Sonnenschein glänzt das Gold der geflügelten Belle-Epoque-Pferde auf den Ecksäulen der Brücke schon von weitem. *(8. Arr.), M 8, 13/RER C: Invalides*

Pont Neuf **[123 D5]**
Die »neue« Brücke, die über die Spitze der Ile de la Cité führt, ist in Wirklichkeit die älteste noch existierende Brücke der Stadt. Als Heinrich IV., dessen Reiterstandbild auf dem Bauwerk steht, sie 1607 einweihte, war sie hochmodern. Erstmals in Paris wurde der Blick von einer Brücke auf die Seine nicht mit Häusern verstellt. Sie ist der berühmteste Seine-Übergang, oft besungen, vielfach gemalt und Schauplatz vieler Filme. Vom Platz unterhalb des Reiterstandbilds haben Sie einen herrlichen Blick auf den Louvre. *(1./6. Arr.), M 7: Pont Neuf*

KIRCHEN

La Madeleine **[122 A2]**
Das 1764 mit Säulen im Stil eines griechischen Tempels angelegte Gotteshaus *Sainte-Maria Madeleine* wurde unter Napoleon als Monument zum Ruhm seiner Armee genutzt. Danach diente es unter anderem als Parlament, Börse und Nationalbibliothek. Erst 1842 wurde es schließlich doch zur Kirche geweiht. Heute finden hier Grabmessen für berühmte Sänger und Schauspieler wie etwa Gilbert Becaud statt. *Tgl. 7.30–19 Uhr, Place de la Madeleine (8. Arr.), M 8, 12, 14: Madeleine*

Notre-Dame **[123 E6]**
★ Dieses Meisterwerk der Gotik wurde zwischen 1163 und 1345 auf Veranlassung des Bischofs Maurice de Sully errichtet. Auf dem Platz stand schon vor 2000 Jahren ein römischer Tempel. Im Innen-

raum des fünfschiffigen Langhauses finden 9000 Personen Platz. Besonders beeindruckend sind die drei großen Eingangsportale, die gewaltigen Strebebögen um den Chor und die Rosetten, die einen Durchmesser von mehr als 10 m haben.

Hier fanden viele historisch wichtige Ereignisse statt, darunter die Krönung Napoleons. Während der Revolution wurde Notre-Dame in einen »Tempel der Vernunft« umgewandelt: Die Kirche schien vor dem Verfall zu stehen. In seinem Roman »Der Glöckner von Notre-Dame« appellierte Victor Hugo erfolgreich an die Öffentlichkeit, diesem Zustand nicht länger zuzusehen. In der Folge wurde die Kathedrale restauriert. Vom Turm schöner Blick auf Wasserspeier und über die Stadt. Auf dem Vorplatz befindet sich eine Markierung, von der aus alle Entfernungen in andere französische Städte berechnet werden. *Mo–Sa 8–18.45, So 8–19.45 Uhr, Eintritt frei, Turm: April–Sept. tgl. 9.30–19.30, Okt.–März 10–17.30 Uhr, 7 Euro (Okt.–März jew. 1. So im Monat frei), Ile de la Cité (4. Arr.), M 4: Saint-Michel, RER B, C: Saint-Michel-Notre Dame*

Sacré-Cœur **[117 D4]**

Fast unwirklich leuchtet die blendend weiße Basilika hoch über der Stadt auf dem Montmartre-Hügel. In den Augen vieler Spötter handelt es sich bei den romanisch-byzantinischen Kuppeln um eine Zuckerbäckerspielerei. Auch das riesige Mosaik im Innern ist kunsthistorisch wenig bedeutend. Das Bauwerk wurde als nationales Mahnmal nach der Niederlage Frankreichs im Krieg 1870/71 gegen Deutschland errichtet. 1919 wurde die Wallfahrtskirche dem »Herzen Jesu« geweiht. Heute pilgern täglich Tausende von Touristen die vielen Treppen hinauf, um den imposanten Blick vom Kirchenvorplatz über Paris zu genießen. Wer es bequemer mag, kann auch mit der Zahnradbahn hinauffahren. *Tgl. 10–17 Uhr, 35, rue du Chevalier de la Barre (8. Arr.), M 2: Anvers*

Sainte-Chapelle **[123 D6]**

Dieses wahre Schmuckkästchen gotischer Baukunst liegt fast etwas versteckt im Hof des Justizpalasts auf der Ile de la Cité. Die Kirche aus dem 13. Jh. beherbergt wertvolle Reliquien aus dem Heiligen Land. Atemberaubend ist jedoch die Wirkung der riesigen, himmelwärts strebenden Glasfenster, die nur von filigranen Strebepfeilern zusammengehalten werden und den ganzen Raum in ein helles, bläuliches Licht tauchen. Dieses obere Stockwerk ist die eigentliche Kapelle und war einst dem König vorbehalten. *Tgl., März–Okt. 9.30–18, Nov. bis Feb. 9–17 Uhr, 6,10 Euro (inkl. Conciergerie 9 Euro), 4, bd. du Palais (Eingang links neben dem Haupteingang zum Justizpalast, 1. Arr.), M 4: Saint-Michel, Cité*

Saint-Denis **[134 C2]**

Beeindruckende frühgotische Kirche, die wegweisend für diesen Baustil in ganz Frankreich werden sollte. Zu den Höhepunkten einer Besichtigung des im Pariser Vorort Saint-Denis gelegenen Gotteshauses gehören die *Königsgrabmäler*. Über viele Jahrhunderte ließen sich fast alle Herrscher des Landes hier bestatten. Die erste Kirche wurde im 5. Jh. an der Stelle gebaut, zu der der Märtyrer Dionysius im Jahr

Zu Studios, Ausstellungen, Lesesälen: Ost-Eingang der Nationalbibliothek

250 mit dem ihm auf dem Montmartre abgeschlagenen Kopf unter dem Arm gewandert sein soll. *Sommer tgl. 10–18 Uhr, Winter tgl. 12–18 Uhr, Königsgräber: 6,10 Euro, M 13: Basilique de Saint-Denis*

Saint-Germain-des-Prés [122 C6]
Von der einst mächtigen Benediktinerabtei aus dem 8. Jh. ist nur die Kirche mit einem Glockenturm erhalten. Hier wurde die Bibel zum ersten Mal ins Französische übersetzt, und hier liegt auch der Philosoph René Descartes begraben. *Tgl. 8–19.45 Uhr (Mo ab 12.30 Uhr), 3, pl. Saint-Germain-des-Prés (6. Arr.), M 4: Saint-Germain-des-Prés*

Saint-Sulpice [128 C1]
An einem lebendigen Platz mit römischem Brunnen erhebt sich die aus dem 17. Jh. stammende Kirche mit ihren beiden eleganten Säulenreihen. Bemerkenswert sind auch die beiden Gemälde von Eugène Delacroix in der ersten Kapelle rechts. *Tgl. 8–19.30 Uhr, 2, rue Palatine (6. Arr.), M 4: Saint-Sulpice*

MODERNE ARCHITEKTUR

Bibliothèque Nationale de France (site François Mitterrand) [130 C5]
Ein Glanzprojekt des Architekten Dominique Perrault aus der Mitterrand-Ära: Vier gewaltige Hochhausblöcke in Form aufgeschlagener Bücher rahmen ein kleines Wäldchen ein. Die auf den ersten Blick ästhetisch durchaus eindrucksvolle Nationalbibliothek, die 1996 fertig gestellt wurde, weist jedoch zahlreiche Mängel auf, nicht zuletzt den, dass die in den Glastürmen gelagerten Bücher viel zu sehr dem Sonnenlicht ausgesetzt sind. *Di–Sa 10–20, So 13–19 Uhr, Eintritt 3,30 Euro, Sonderausstellungen 5–7 Eu-*

ro, Quai François Mauriac (13. Arr.), M 14/RER C: Bibliothèque François Mitterrand, www.bnf.fr

Grande Arche und La Défense [112 A3–4]
Die in den 1950er-/60er-Jahren entstandene größte Bürostadt Europas mit ihren vielen Hochhäusern wurde in den 1980er-/90er-Jahren unter Staatspräsident François Mitterrand noch einmal deutlich erweitert. Das auffälligste Bauwerk, das in dieser Zeit errichtet wurde, ist die *Grande Arche* des dänischen Architekten Otto von Spreckelsen. Gläserne Fahrstühle bringen Sie auf die Aussichtsplattform des mit Glas und Carrara-Marmor verkleideten Bogens, unter dem Notre-Dame bequem Platz hätte. Von oben bietet sich eine herrliche Aussicht auf die große Achse Richtung Triumphbogen, Opéra und Bastille sowie auf die in unmittelbarer Nachbarschaft liegenden und teilweise futuristisch anmutenden Wolkenkratzer von *La Défense* mit ihren spiegelnden Glasfassaden. *April–Sept. tgl. 10–20, Okt.–März 10–19 Uhr, 7,50 Euro, M 1/RER A: La Défense, www.grandearche.com*

Stade de France [135 D3]
Im Vorort Saint-Denis entstand für die Fußball-WM 1998 ein beeindruckendes Stadion: Mit mobiler Tribüne (25 000 Plätze) und einem elliptisch aufgehängten Dach ist dieses architektonische Meisterwerk einer der weltgrößten Freilichträume. Hier finden auch Konzerte für bis zu 100 000 Zuschauer statt. *Führungen tgl. 10.30–14.30 Uhr jew. zur vollen Stunde, 10 Euro, RER D: Stade de France-Saint-Denis, www.stadefrance.com*

Unesco-Gebäude [127 D1–2]
Der Y-förmige Komplex wurde 1958 von dem Amerikaner Marcel Breuer, dem Franzosen Bernard Zehrfuss und dem Italiener Pierluigi Nervi gebaut. An der künstlerischen Ausgestaltung waren unter anderen Alexander Calder, Le Corbusier, Joan Miró, Hans Arp, Henry Moore und Pablo Picasso beteiligt. *Führungen Di (engl.) u. Mi (franz.) 15 Uhr, Eintritt frei, 7, pl. Fontenoy (7. Arr.), M 10: Ségur*

PARKS

Bois de Boulogne [112–113 B–E6]
Die 8,45 km² große grüne Lunge im Westen von Paris war zu Beginn des 20. Jhs. der mondäne Freizeittreffpunkt der Pariser. Viele Wander-, Reit- und Radwege sowie kleine Seen, Pferderennbahnen und Restaurants liegen in dem leider auch von etlichen Straßen zerschnittenen Park mit seinen Wäldern. Im 18. Jh. ließ der Adel hier kleine Lustschlösser errichten. Besonders bekannt ist das Bagatelle-Schlösschen im *Parc de Bagatelle* (Eintritt 3 Euro), der äußerst gepflegt und von Wasserläufen durchzogen ist, und dessen Rosengarten ein echtes Highlight für Blumenfreunde darstellt. Der in der Nähe liegende *Jardin d'Acclimatation* Insider Tipp (Eintritt 2,70 Euro) ist mit seinen Spielplätzen, Karussells und einem kleinen Zoo ein Kinderparadies ohne überzüchtete Attraktionen und deshalb auch für Erwachsene angenehm. *M 1: Les Sablons*

Jardin du Luxembourg [128 B–C2]
★ Berühmtester Park des Zentrums von Paris, ganz in der Nähe der Universität Sorbonne. Auf den

Eingerahmt von Geschäften unter Arkaden: der Garten des Palais Royal

bereitstehenden Stühlen können Sie in der Sonne dösen oder zusehen, wie die Kinder Boote im großen Bassin fahren lassen. Maria von Medici ließ Park und das dazugehörende Palais Anfang des 17. Jhs. nach florentinischem Vorbild errichten. Das *Palais du Luxembourg* ist heute Sitz des französischen Senats. Direkt daneben das *Musée du Luxembourg,* oftmals Ort bemerkenswerter Kunstausstellungen. *Park: im Sommer von 7 Uhr bis eine Stunde vor Sonnenuntergang, im Winter ab 8 Uhr; (6. Arr.), RER B: Luxembourg*

Jardin des Palais Royal und Palais Royal **[122 C3–4]**
Geschichtsträchtige Oase der Ruhe im brodelnden Zentrum. Wo man heute unter schattigen Linden wandelt, wurde einst Geschichte geschrieben. Kardinal Richelieu, der das den Park umgebende Palais 1634 errichten ließ, vermachte es später Ludwig XIII. Die folgenden Besitzer, das Haus Orléans, erweiterten den Platz. Hinter den einheitlichen Fassaden mit den Rundbogenarkaden sind heute wie damals Geschäfte untergebracht. Im Juli 1789 nahm von hier aus die Französische Revolution ihren Anfang. Im angrenzenden Innenhof neben der *Comédie Française* bilden die unterschiedlich hohen Säulen von Daniel Buren seit 1986 ein interessantes Gegengewicht zu der historischen Kulisse. *(1. Arr.), M 1, 7: Palais Royal-Musée du Louvre*

Jardin des Plantes **[129 F2–3]**
Auf Wunsch Ludwigs XIII. entstand dieser Garten schon 1633 als Heilkräuter- und Lehrgarten für Medizinstudenten. Es ist deshalb nicht verwunderlich, dass das naturkundliche *Muséum National de l'Histoire Naturelle* gerade hier untergebracht ist. Den gepflegten Charme vergangener Zeiten atmet auch die *Ménagerie,* ein kleiner Zoo, der Rainer Maria Rilke zu seinem berühmten Gedicht »Der Panther« inspirierte. *Zoo: Sommer tgl. 9–18 Uhr, Winter 9–17 Uhr, 7 Euro, (5. Arr.), M 7: Place Monge*

Insider Tipp

Jardin des Tuileries **[122 A–B 3–4]**

Als »Vorgarten« des Louvre wurde der Barockpark schon 1666 angelegt. Er war einer der ersten Parks überhaupt, der der gesamten Öffentlichkeit zugänglich war und insofern Vorbild für viele andere Anlagen in Europa. Besonders bemerkenswert sind die 18 Frauenstatuen von Aristide Maillol, die zwischen sorgsam gestutzten Hecken fast schon unwirklich hervorlugen. *(1. Arr.), M 1, 8, 12: Concorde, M 1: Tuileries*

Parc des Buttes-Chaumont **[118–119 C–E 5–6]**

Auf einem Schuttplatz im seinerzeit berüchtigten Pariser Osten ließ Napoleon III. im 19. Jh. eine pittoreske Landschaft im englischen Stil mit Grotten, Felsformationen, Tälern, Tempelchen und Wasserfällen anlegen. Mit Hilfe damals modernster Technik und vielen Sprengungen wurde das terrassierte Gelände sehr abwechslungsreich gestaltet und mit außergewöhnlicher Vegetation bepflanzt. *(19. Arr.), M 7b: Buttes-Chaumont*

Parc de la Villette **[119 E2–3]**

Auf dem ehemaligen Schlachthofgelände wurde ein riesiger, teilweise futuristisch anmutender Freizeitpark angelegt. Neben den architektonisch mutigen Bauten wie der Musikhochschule und der Konzerthalle *Cité de la Musique* sowie der Silberkugel *La Géode,* die ein Imaxkino beherbergt, befindet sich auf dem Gelände mit der *Cité des Sciences et de l'Industrie* auch das größte Wissenschaftsmuseum der Welt. Knallrote Blechkonstruktionen, die »Folies«, führen durch verschiedene Themengärten. Die *Grande Halle,* eine ehemalige Rinderhalle, bietet bei Konzerten bis zu 15 000 Besuchern Platz.

Der rund um die Uhr geöffnete Park ist besonders im Sommer ein beliebter Treffpunkt: Auf den Rasenflächen spielt man Fußball, Familien veranstalten Picknicks, und im Juli und August gibt es kostenloses Freiluftkino. *(19. Arr.), M 7: Porte de la Villette*

PASSAGEN

Die mit Glas überdachten Passagen, auch Galerien genannt, sind eine typische Pariser Einrichtung und erlebten Anfang des 19. Jhs. ihre Blütezeit. Das gut betuchte Bürgertum konnte so trockenen Fußes und fernab von den unangenehmen Gerüchen, die damals noch durch die Straßen wehten, flanieren, einkaufen und sich verköstigen. Mit ihren oft reichhaltigen Dekors haben die meisten Passagen nichts von ihrem nostalgischen Flair verloren und laden nach wie vor zum Bummeln ein. Viele der Passagen sind inzwischen aufwändig restauriert worden. In den letzten Jahren entstanden sogar neue Galerien.

Carrousel du Louvre **[122 C4]**

Die Passage entstand erst 1990. Sie ist gewissermaßen Teil des Louvre und mit ihren Öffnungszeiten angepasst an das Museum. In den großzügigen, hellen Gängen unter der Glaspyramide und dem Louvre gibt es edle Geschäfte für den Kauf von Reisemitbringseln, aber auch Restaurants und Cafés. Die *Boutique des Musées Nationaux* offeriert Reproduktionen von Kunstwerken aus verschiedenen französischen

Museen, ausgesuchte Karten und Bücher. Für das leibliche Wohl der Flaneure sorgt ein Schnellimbiss der etwas anderen Art: Im *Restorama (€)* gibt es Spezialitäten aus der ganzen Welt. *(1. Arr.), M 1, 7: Palais Royal-Musée du Louvre*

Galerie Véro-Dodat **[123 C–D4]**
Die dunklen Holzvertäfelungen sind einheitlich in Kupfer eingefasst und spiegeln den Charme vergangener Epochen wider. Neben Buch- und Spielzeugläden ist der Antiquitätenladen des Puppensammlers *Robert Capia* besonders bemerkenswert. *19, rue Jean Jacques Rousseau (1. Arr.), M 1: Louvre-Rivoli*

Galerie Vivienne **[122 C3]**
Sie gilt als die »Königin der Pariser Passagen« und wurde 2000 komplett renoviert. Auf dem schönen Mosaikboden im neoklassizistischen Stil flanieren Sie unter Glaskuppeln vorbei an ausgesuchten Läden. Nach einem Besuch bei *Emilio Robba,* wo es die schönsten künstlichen Blumen der Welt gibt, können Sie im Teesalon *A priori thé* eine vorzügliche »Chocolat à l'ancienne« trinken. Direkt anschließend folgt die *Galerie Colbert* mit ihrer Rotunde im pompejanischen Stil. *4, rue des Petits Champs (2. Arr.), M 3: Bourse*

Passage des Panoramas und Galerie Jouffroy **[123 D2]**
Diese älteste Passage von Paris (1800) wurde schon in Emile Zolas Roman »Nana« beschrieben. Neben Briefmarkengeschäften und Graveuren lädt der große Teesalon *L'Arbre à Cannelle* mit der wunderschönen holzgeschnitzten Fassade einer ehemaligen Chocolaterie von 1846 zum Brunch ein.

Nach Überquerung des Boulevard Montmartre schließt sich unmittelbar die *Galerie Jouffroy* an (direkt neben dem Wachsfigurenmu-

Galerie Jouffroy: Spielzeug gibt es bei »Pain d'Epices«, dem »Honigkuchen«

seum Grevin). Besonders sehenswert dort ist der Spielwarenladen *Pain d'Epices* mit Puppenhauszubehör auch im Miniaturformat, das jedes Mädchenherz höher schlagen lässt. *10, rue Saint-Marc (9. Arr.), M 3, 8: Grands Boulevards*

PLÄTZE

Place de la Concorde **[122 A3]**

★ Der monumentalste Platz von Paris ist ein Ort der Superlative: Von seinem Mittelpunkt aus, dem 3000 Jahre alten Obelisken aus dem ägyptischen Luxor, haben Sie die gesamten Champs-Elysées bis zum Triumphbogen vor sich. Schwer vorstellbar, dass an dem 1775 angelegten Platz vor kaum mehr als 200 Jahren Tausende von Feinden der Revolution, unter ihnen Ludwig XVI., auf dem dort aufgebauten Schafott ihr Leben lassen mussten. Die acht großen Frauenstatuen, die den »Platz der Eintracht« einrahmen, personifizieren die acht größten Städte Frankreichs. *(8. Arr.), M 1, 8, 12: Concorde*

Insider Tipp **Place du Marché Sainte-Cathérine** **[124 A5–6]**

Mit seinen Cafés und den Schatten spendenden Bäumen erinnert dieser ruhige Platz im Marais an die beschaulichen Marktplätze südfranzösischer Provinzstädtchen. *(4. Arr.), M 1: Saint-Paul*

Place Vendôme **[122 B3]**

Dieses Meisterwerk klassischer Ausgewogenheit mit der charakteristischen, an vier Seiten abgeschrägten rechteckigen Form wurde Ende des 17. Jhs. von dem berühmten Baumeister Jules Hardouin-Mansart geschaffen. In der Mitte des Platzes steht eine Säule nach dem Vorbild der Trajan-Säule in Rom, ganz oben ist Napoleon als Cäsar dargestellt. Weltweite Berühmtheit hat der Platz aber auch, weil hier die bekanntesten Juweliere ihren Sitz haben und auch das Hotel Ritz von dem außergewöhnlichen Ambiente dieses Orts profitiert. *(1. Arr.), M 3, 7, 8: Opéra*

Place des Victoires **[123 D3]**

Der Ende des 17. Jhs. angelegte Platz kann als kleiner Bruder des vom selben Baumeister stammenden Place Vendôme angesehen werden. Marschall de la Feuillade, der ihn zu Ehren Ludwigs XIV. in Auftrag gab, hat sich dabei finanziell ruiniert. *(1./2. Arr.), M 3: Sentier*

Place des Vosges **[124 A–B 5–6]**

★ Der unter Heinrich IV. 1612 fertig gestellte Platz ist nicht nur einer der ältesten, sondern wohl auch der architektonisch harmonischste Platz der Stadt. Die 36 Pavillons (nur die des Königs und der Königin sind etwas erhöht) sind von Arkadengängen gerahmt, in denen sich elegante Kunstgalerien und Restaurants befinden. Darüber erheben sich die symmetrisch angeordneten Fassaden, deren Komposition aus hellem Naturstein, roter Ziegelverkleidung und grauen Schieferdächern ein perfektes Bild abgibt. Vom kleinen Park im Zentrum des Platzes aus ist die Geschlossenheit des Ensembles am besten zu erkennen. *(4. Arr.), M 1: Saint-Paul, M 1, 5, 8: Bastille*

QUARTIERS

Bastille **[124 B6]**

An einem der geschichtsträchtigsten Orte Frankreichs, rund um

Bastille: Statt des Gefängnisses wird heute – manchmal – die Oper gestürmt

die an die Juli-Revolution von 1830 erinnernde Säule, pulsiert nicht nur der Verkehr, sondern auch das Nachtleben der Stadt. Hinter der silbern glänzenden *Opéra de la Bastille,* die an der Stelle des von den Revolutionären erstürmten Gefängnisses steht, haben sich in diesem einst volkstümlichen Viertel nach den Künstlern viele Trendlokale angesiedelt. In der Rue du Faubourg Saint-Antoine, der Rue de Lappe, der Rue de la Roquette und der Rue de Charonne tobt das Leben bis in die frühen Morgenstunden. In den letzten Jahren ist auch die etwas Insider Tipp weiter nördlich gelegene Rue Oberkampf schwer in Mode gekommen. *(11. Arr.), M 1, 5, 8: Bastille, M 5, 9: Oberkampf*

Beaubourg und Les Halles **[123 D4]**

Seit in den 1970er-Jahren die berühmten Markthallen abgebaut und das vierstöckige, tief in die Erde gegrabene Einkaufszentrum *Forum des Halles* errichtet wurde, ist der Blick auf die schöne gotische Kirche *Saint-Eustache* frei. Das war wohl der einzige Vorteil dieser Maßnahme. Hier dominieren Billiggewerbe, und nachts ist die Gegend etwas unsicher. Unter den wenigen Lichtblicken: die lebendige Fußgängerzone Rue Montorgueil mit vielen kleinen Restaurants und Geschäften. *(1. Arr.), M/RER: Châtelet-Les Halles*

Belleville **[124–125 C–D2]**

Im Gegensatz zum reichen Westen der Stadt hat sich Belleville seinen volkstümlichen Charakter weit gehend bewahrt. Hier wohnen Arbeiter und kleine Angestellte, aber auch viele Immigranten. Authentisches Kiezleben ohne Touristenrummel ist auch noch in einigen Musette-Lokalen zu spüren – fast wie damals, als Edith Piaf hier aufwuchs. Seit Künstler den Charme des Viertels und die noch relativ niedrigen Preise entdeckt haben, kommt auch Belleville in Mode. Einen schönen Blick über Paris und die sich steil den Berg hinaufziehenden Gassen haben Sie vom Belvedere oberhalb des neu angelegten Parks von Belleville. *(20. Arr.), M 2, 11: Belleville*

Ile de la Cité und Ile Saint-Louis **[123 D–E 5–6] [129 E–F1]**

★ Die zwei mit einer Brücke verbundenen Inseln gehören heute zu den teuersten Wohngebieten der Stadt. Die größere, die Ile de la Cité, war schon zur Römerzeit besiedelt und ist wegen der Sainte-Chapelle und Notre-Dame beliebtes Touristenziel, bietet aber mit dem fast südfranzösisch wirkenden und schattigen *Place de la Dauphine* und ihren netten Cafés direkt neben der Pont Neuf auch Oasen der Ruhe. Aristokratischer wirkt die kleinere Ile Saint-Louis. Die Rue Saint-Louis-en-Ile mit ihren geschmackvollen kleinen Läden, Crêperien und Cafés durchzieht die ganze Insel. *(1./4. Arr.), M 4: Cité*

Marais **[123 F4–5,124 A4–5]**

Eins der anregendsten Viertel der Stadt. Vor allem nachts eine bunte Mischung aus gelebter jüdischer Tradition und szeniger Jugendkultur. Der Errichtung des Königsplatzes *Place des Vosges* im 17. Jh. unter Heinrich IV. folgte der Adel, der hier prächtige Paläste, die so genannten »Hôtels«, baute, in denen heute vielfach Museen untergebracht sind. Das Marais ist auch eins der wenigen Viertel, das nicht der Haussmann'schen Umgestaltungswut zum Opfer fiel, das aber nach seiner Blütezeit mehr als zwei Jahrhunderte lang verfiel und erst unter Kulturminister André Malraux in den 1960er-Jahren nach aufwändigen Restaurierungen wieder in Mode kam. Es macht Spaß, durch die engen Straßen zu bummeln, in der Rue de Rosier in einem koscheren Laden eine leckere *falafél* zu genießen und danach vorbei an den extravaganten und trendigen Modegeschäften der Rue des Francs Bourgeois oder der Rue Vieille du Temple zu flanieren. Das Quartier ist bekannt für seine

Entspannen & Genießen

Ausflug in den Orient

Die Hauptmoschee mit dem hohen Minarett und prächtigen Mosaiken **[129 F3]** ist nicht nur Betstätte für Moslems. In einem echten türkischen Hammam werden Sie hier von kräftigen Araberinnen abgeschrubbt und durchgeknetet. Bei einem würzigen Pfefferminztee im Hammam selbst oder im angegliederten *Café Maure* können Sie anschließend weiter entspannen. Auf Kissen vor niedrigen Tischen sitzend tauchen Sie mitten in Paris in eine orientalische Welt ein. Hübscher Innenhof. Bei größerem Appetit empfiehlt sich das Restaurant *La Mosquée* nebenan (**€€**). Eine Besichtigung der Moschee ist möglich. *Mosquée de Paris, 39, rue Geoffroy Saint-Hilaire (5. Arr.), Tel. 01 43 31 38 20, Frauen: Mo, Mi, Do, Sa 10–21, Fr 14–21 Uhr, Männer: Di 14–21, So 10–21 Uhr, M 7: Place Monge*

Kleine Geschäfte prägen das von Sacré-Cœur überragte Viertel Montmartre

vielen Cafés, Bars und Restaurants. *(4. Arr.), M 1: Saint-Paul*

Montmartre **[116–117 B–D 3–5]**
★ Während die Touristen am Fuß des höchsten Hügels von Paris um den *Place de Clichy* und den *Pigalle* von billigen Sexgeschäften angeblinkt werden, zehrt das höher gelegene ehemalige *Dorf Montmartre* vom Künstlerruhm vergangener Zeiten. Die meisten Künstler, die wegweisend für die Malerei des 20. Jhs. wurden, haben wegen des Flairs und der günstigen Mieten zumindest zeitweise in dem immer noch dörflich wirkenden Viertel gelebt, darunter Pablo Picasso, Auguste Renoir, Georges Braque, Maurice Utrillo und Juan Gris. Heute versuchen Möchtegernkünstler, am *Place du Tertre* den Touristen das Geld aus der Tasche zu locken. Von der Treppe vor der Basilika *Sacré-Cœur* haben Sie einen herrlichen Blick auf Paris *(18. Arr.), M 2: Blanche, Anvers, M 12: Abbesses*

Montparnasse **[128 A–B 3–4]**
Der alles überragende Wolkenkratzer *Tour Montparnasse* ist im Grund nur von dessen Aussichtsterrasse, der höchsten von Paris, zu ertragen *(April–Sept. 9.30 bis 23.30, Okt.–März 9.30–22.30 Uhr, 8,50 Euro)*. Inmitten teils hässlicher Gebäude aus den 1960er-Jahren tun sich plötzlich idyllische, begrünte Hinterhöfe und Ateliers auf, in denen große Künstler wirkten und die auch heute noch künstlerisch genutzt werden. Im *Chemin du Montparnasse* an der Avenue du Maine arbeiteten beispielsweise Pablo Picasso, Amedeo Modigliani, Marc Chagall und Henri Matisse nach dem Ersten Weltkrieg. Ihre Stammlokale wie La Coupole, Closerie des Lilas, Le Dôme oder La Rotonde sind auch heute noch beliebte Treffpunkte. In Letzterem hielten Lenin und Leo Trotzki einst politische Versammlungen ab, die regelmäßig von der Polizei unterbrochen wurden. Auf dem *Cime-*

tière du Montparnasse ruhen neben anderen die Dichter Samuel Beckett, Charles Baudelaire und das Literatenpaar Jean-Paul Sartre und Simone de Beauvoir. *(19. Arr.), M 4, 6, 12, 13: Montparnasse-Bienvenüe, M 6: Edgar Quinet*

Quartier Latin **[129 D–E 1–3]**
Anregende Mischung aus mittelalterlichem Geist und quirliger Studentenszene in dem Viertel, in dem einst nur Latein gesprochen wurde. Die im 13. Jh. gegründete Universität *Sorbonne* war lange Zeit die intellektuelle Keimzelle Europas. Kein Wunder, dass sich hier auch Eliteschulen und das mittelalterliche Palais der Bischöfe von Cluny ansiedelten. Die dort entdeckten *römischen Thermen* sowie das fast vollständig erhaltene *Amphitheater Arènes de Lutèce* zeugen von noch älteren Ursprüngen. Heute tummeln sich in den Cafés, Jazzclubs und Restaurants um den Boulevard Saint-Michel Studenten und Touristen aus der ganzen Welt. *(5./6. Arr.), M 10: Cluny-La Sorbonne*

Saint-Germain-des-Prés **[122 B–C 5–6]**
★ Wie das Quartier Latin liegt auch dieses Viertel auf der linken Seine-Seite *(rive gauche)*, die traditionell als intellektuelles Zentrum gilt, während *rive droite*, das rechte Ufer, vormals eher bürgerlich war. Das Literatenviertel hat seinen Kern neben der gleichnamigen Kirche am Boulevard Saint-Germain. Im *Café de Flore* und im *Les Deux Magots* diskutierten in den 1950er-Jahren Jean-Paul Sartre, Simone de Beauvoir, Albert Camus und andere Existenzialisten. Doch schon Voltaire und der Enzyklopädist Denis Diderot speisten im *Procope*, dem ältesten Restaurant von Paris. Dichter wie Charles Baudelaire, George Sand, Rainer Maria Rilke und Ernest Hemingway ließen sich im an-

Richtig fit!

Abtauchen und Austoben in Art-déco

Die legendäre Art-déco-Schwimmhalle *Piscine Pontoise* im *Club Saint-Germain* **[129 E1–2]** war nicht ohne Grund Schauplatz für viele Filme. Zum Schwimmen im großen Becken (33 x 15 m), bei dem die Lebensgeister geweckt werden, gibt es den Augenschmaus dazu. Die blau-weiß gehaltenen Galerien mit den altmodischen blauen Kabinentüren werden durch das Glasdach mit Licht durchflutet: Die Ornamentik der schönen Mosaiken im Stil der 1930er-Jahre lässt sich so noch besser erkennen. Im angegliederten Club gibt es Fitnessgeräte, Aerobic, Squashplätze und Sauna. Alles mitten im belebten Quartier Latin. *Schwimmbad Mo–Fr 7–19, Sa 10–19, So 8–19 Uhr, zusätzl. Mo–Fr 20–23.45 Uhr, Eintritt 3,40 Euro. Fitnesscenter Mo–Fr 9–24, Sa/So 9.30–19 Uhr, Eintritt 16 Euro. 19, Rue de Pontoise (5. Arr.), Tel. 01 55 42 77 88, M 10: Maubert-Mutualité, www.clubquartierlatin.com*

grenzenden Jardin du Luxembourg von der Muse küssen. Rund um die *Académie des Beaux Arts,* die Kunstakademie, reihen sich ausgesuchte Antiquitätenläden, Cafés und Kunstgalerien aneinander. *(6. Arr.), M 4: Saint-Germain-des-Prés*

STRASSEN

Avenue des Champs-Elysées [120 C–F 2–3]

Die angeblich schönste Straße der Welt wird von den meisten Parisern nicht besonders geschätzt. Zwischen Triumphbogen und Place de la Concorde bewegen sich vor allem Touristen. Vor den großen Erstaufführungskinos stehen abends, vor allem an Wochenenden, aber auch Einheimische Schlange. Während der obere Teil der Avenue vielfach von Imbissketten und dem Kommerz in Beschlag genommen wurde, lässt sich weiter unten noch eher die Pracht der Belle Epoque nachvollziehen.

Ein kleiner Schlenker in die *Avenue de Marigny* führt Besucher übrigens direkt vor den Elysée-Palast, den gut bewachten Sitz des Staatspräsidenten. Bekannte Adressen an der 2 km langen Prachtstraße sind die elegante Parfümerie *Guérlain (Nr. 68),* das berühmte Tanztheater *Lido (Nr. 116),* der CD- und Bücherladen *Virgin Megastore (Nr. 52–60)* sowie die Boutique von *Louis Vuitton (Nr. 101). (8. Arr.), M 1: George V, M 1, 9: Franklin D. Roosevelt, M 1, 13: Champs-Elysées-Clemenceau*

Avenue Montaigne [121 D3]

Die Luxusmeile der Stadt, eine Seitenstraße der Champs-Elysées. Hier sind fast alle namhaften Modeschöpfer (Versace, Ricci, Dior, Lacroix), Juweliere, Parfümerie- und Lederwarengeschäfte vertreten. Manche Kundinnen lassen sich von ihren Chauffeuren vor die Eingangstüren bringen, wo sie von Portiers in weißen Handschuhen begrüßt werden. Wer will, kann auch gleich im traditionsreichen Luxushotel *Plaza Athenée (Nr. 25)* absteigen. Auch das *Théatre des Champs-Elysées* mit seiner schönen, von Antoine Bourdelle entworfenen Fassade befindet sich hier. *(8. Arr.), M 1, 9: Franklin D. Roosevelt*

Rue Mouffetard [129 E2–4]

Schon in der Römerzeit schlängelte sich die lebendige kleine Straße die Montagne Sainte-Geneviève hinunter. Studenten der umliegenden Schulen, Touristen und Einheimische schätzen die schmale kleine Straße mit ihrem täglich stattfindenden, gut bestückten Markt im unteren Teil und den kleinen Kneipen und Boutiquen gleichermaßen. Am oberen Ende der »Mouff« liegt der malerische *Place de la Contrescarpe* mit einigen hübschen Cafés. *(5. Arr.), M 7: Place Monge*

UNTERWELTEN

Les Catacombes [128 B5]

Aus den unterirdischen Steinbrüchen wurde das Material für die Pariser Bauten gewonnen. Das über 300 km lange Gangsystem, in dem manche Pariser nachts illegal Feste feiern, kann teilweise besichtigt werden. Da die Pariser Friedhöfe bis ins 18. Jh. stark überfüllt waren, hat man dort die Gebeine früherer Generationen dekorativ aufgeschichtet. *Di–So 9.30–17 Uhr, 5 Euro, Start der Besichtigung: 1, pl.*

Sehr phantasievolle Grabgestaltung auf dem Friedhof Père Lachaise

Denfert-Rochereau (14. Arr.), M 4, 6/RER B: Denfert-Rochereau

Cimetière de Montmartre **[116 B3–4]**
Auf dem malerisch gestalteten Friedhof haben viele Künstler und Literaten, darunter Hector Berlioz, Heinrich Heine, Alexandre Dumas, Edgar Degas, Jacques Offenbach, François Truffaut, Emile Zola und Stendhal ihre letzte Ruhestatt gefunden. *Tgl. 8–17.30 Uhr, av. Rachel (18. Arr.), M 2: Blanche, M 13: La Fourche*

Cimetière du Père Lachaise **[125 E–F 4–5]**
★ Mit einer Fläche von 44 ha, 12 000 Bäumen und 1,5 Mio. Gräbern der größte und mit seinen teilweise pompösen Grabmälern sicher auch der spektakulärste Friedhof von Paris. Regelrechte Pilgerstätten sind vor allem die Gräber des Doors-Sängers Jim Morrison und von Edith Piaf. Aber auch der Baron Haussmann, Honoré de Balzac, Marcel Proust, Oscar Wilde, Frédéric Chopin und Molière sind hier begraben. *Tgl. 8.30–17 Uhr, 16, rue du Repos (20. Arr.), M 2, 3: Père Lachaise*

Les Egouts **[121 D4]**
Geruchsempfindlichen ist von einem Besuch der Pariser Kanalisation abzuraten. Für alle anderen und auch für technisch Interessierte ist der Eintritt in die Unterwelt dagegen ein faszinierender Ausflug in eine besondere Welt. Beim Stapfen durch die unterirdischen Gänge können sich Phantasiebegabte durchaus in Victor Hugos Roman »Les Misérables«, der teilweise hier spielt, hineinversetzen. Eine kurze Führung, dazu eine Filmvorführung und ein Besuch des zugehörigen Museums kosten 3,80 Euro. *Mai bis Sept. Sa–Mi 11–17 Uhr, Okt. bis April bis 16 Uhr (im Januar zwei Wochen geschl.), Treffpunkt Ecke Quai d'Orsay/Pont de l'Alma (7. Arr.), M 9: Alma-Marceau, RER C: Pont de l'Alma*

Vive la culture – und die Vielfalt!

Grandioses und Kleinodien – in den Museen von Paris kommt jeder auf seine Kosten

Sie müssen nicht erst auf den Pariser Nieselregen warten, um eins der 160 Museen der Stadt aufzusuchen. Wenn Sie sich zwischendurch in ein Museumslokal mit Aussicht setzen und bei einem Café au lait oder einem Pastis Ihre Eindrücke nachwirken lassen, wird ein solcher Besuch auch bei Sonnenschein zum Gesamtkunstwerk. Mit ihrem Sinn fürs Dekorative haben es die Franzosen geschafft, sich sehr weit von dem Klischee zu entfernen, dass Sammlungen verstaubte Lehranstalten sein müssen. Ob es um Wissenschaftliches geht, das interaktiv reizvoll aufgemacht ist, ob es sich um Malerei und Bildhauerei handelt, deren vielfältige Strömungen über Jahrhunderte von Paris ausgingen, ob Mode und Parfüm oder Geschichte und Literatur anschaulich gemacht werden – Paris bietet alles. Wer vor den teilweise sehr umfassenden Sammlungen kapituliert – allein im Louvre müssen Sie 17 km zurücklegen –, kann sich zum Beispiel einen der vielen kleinen Stadtpaläste aussuchen, die sich oftmals als wahre Schmuckkästchen entpuppen.

Die Skulpturenallee in der zentralen Halle des Musée d'Orsay

Bunter Brunnen: Fontaine Le Sacre du Printemps am Centre Pompidou

Beachten Sie, dass die meisten städtischen Museen montags und die meisten staatlichen Museen dienstags geschlossen sind. Für Schüler, Studenten und Senioren gibt es fast überall Ermäßigungen. Wenn Sie viele Museen besuchen wollen, lohnt sich die »Carte Musées et Monuments«: Sie können damit 70 Museen und andere Sehenswürdigkeiten einschließlich Versailles besichtigen (Karte für einen Tag 18 Euro, für drei Tage 36 Euro, für fünf Tage 54 Euro). Erhältlich ist die Karte in den Zweigstellen des Office du Tourisme, bei der Musik- und Bücherkette Fnac sowie an wichtigen Métrostationen. Übrigens: Viele Museen gewähren an jedem ersten Sonntag im Monat freien Eintritt.

Drinnen Kunst, draußen Blick über Paris: Centre Georges Pompidou

Centre Georges Pompidou **[123 E4]**

★ Im vierten und fünften Stockwerk dieses futuristischen Röhrengebäudes erhalten Sie einen umfassenden Überblick über die Kunst des 20. Jhs. Reizvoll ist auch der interdisziplinäre Ansatz, der Grafik, Architektur, Design und neue Medien einbezieht. Ausgelagert auf den Vorplatz des Gebäudes ist das originalgetreu nachgebaute Atelier des Bildhauers Constantin Brancusi. In der sechsten Etage finden Wechselausstellungen von Künstlern von Weltrang statt. Ein Besuch ist schon wegen der phänomenalen Aussicht über Paris unbedingt zu empfehlen, die Sie auch aus dem Designercafé genießen können. Direkt neben dem Centre Pompidou steht der von Niki de Saint-Phalle und Jean Tinguely nach dem Ballett »Le Sacre du Printemps« von Igor Strawinsky gestaltete Brunnen mit bunten Figuren und technischen Konstruktionen, die Wasser speien – ein Treffpunkt vor allem für junge Leute. *Mi–Mo 11–21 Uhr (Atelier Brancusi 14–18 Uhr), Eintritt 7 Euro, pl. Georges-Pompidou (4. Arr.), Métro/RER: Châtelet-Les Halles, www.centrepompidou.fr*

Cité des Sciences et de l'Industrie **[119 E2]**

★ Ein futuristisches Wissenschaftsmuseum, das Besucher zu Forschern werden lässt. Sowohl in dem in ein Museum verwandelten U-Boot als auch im Planetarium oder am computergesteuerten Flugsimulator steht der Erlebnischarakter an erster Stelle (auch interessante Wechselausstellungen). *Di–Sa 10–18, So 10–19 Uhr, Eintritt 7,50 Euro, 30, av. Cortentin Cariou (19. Arr.), M 7: Porte de la Villette, www.cite-sciences.fr*

Fragonard (Musée du Parfum) [122 B2]
In den eleganten Räumen im Stil Napoleons III. direkt gegenüber der Oper reihen sich neben Parfümflakons seit der Zeit der Ägypter Destillierapparate und allerlei Geräte rund um die Parfümherstellung aneinander. Im Erdgeschoss werden auch Parfüms direkt aus der Fragonard-Fabrik im südfranzösischen Grasse verkauft. *Mo–Sa 9–18 Uhr, So 9.30–16 Uhr, Eintritt frei, 9, rue Scribe (9. Arr.), M 3, 7, 8: Opéra, www. fragonard.com*

Institut du Monde Arabe [129 F2]
Die auffallende Fassade aus Glas und Aluminium – ein gelungenes Beispiel moderner Architektur von Jean Nouvel – passt sich dem Lauf der Seine an. Besonderer Gag: die Fotolamellen an der Südseite, die sich je nach Lichteinfall öffnen und schließen. Zur Förderung des Kulturaustauschs zwischen europäischer und islamischer Welt präsentieren sich hier 20 arabische Länder in Form von Wechselausstellungen, Foren, Filmen und in einer umfangreichen Bibliothek. Vom Restaurant *Le Ziryab* aus genießen Sie einen herrlichen Blick über die Dächer von Paris. *Di–So 10–18 Uhr, Eintritt 5 Euro, 1, rue des Fossés Saint-Bernard (5. Arr.), M 7, 10: Jussieu, www.imarabe.com*

Maison de Victor Hugo [124 B6]
Hier hat der Schriftsteller Victor Hugo zwischen 1832 und 1848 gelebt und gewirkt. In den teilweise asiatisch angehauchten Räumen mit wunderschönem Blick auf den Place des Vosges finden sich Dokumente, Objekte und Möbel sowie Bilder des Dichters, die zeigen, dass er auch ein guter Maler war. *Di–So*

MARCO POLO Highlights »Museen«

★ **Cité des Sciences et de l'Industrie**
Perfekt inszenierte Technik (Seite 40)

★ **Musée de Cluny (Musée National du Moyen Age)**
Mittelalterliche Raritäten in gotischem Palais (Seite 43)

★ **Centre Georges Pompidou**
Futuristischer Röhrenbau und moderne Kunst (Seite 40)

★ **Musée du Louvre**
Glaspyramide, Renaissancepalast und Museum der Superlative (Seite 44)

★ **Muséum National d'Histoire Naturelle**
Die Evolution mit allen Sinnen erleben (Seite 47)

★ **Musée d'Orsay**
Belle-Époque-Bahnhof als Bühne für Impressionisten (Seite 46)

★ **Musée Picasso**
Großartige Sammlung in herrlichem Palais (Seite 46)

★ **Musée Rodin**
Natur und Kunst vermählen sich im romantischen Garten des Palasts (Seite 46)

Hier begann Victor Hugo mit der Arbeit an seinem Werk »Les Misérables«

10–18 Uhr, Eintritt frei, 6, pl. des Vosges (4. Arr.), M 1: Saint-Paul, www.paris.fr/musees/

Musée d'Art Moderne (de la Ville de Paris) **[120 C4]**
Nach zweijährigen Renovierungsarbeiten Anfang 2006 wieder eröffnet. Unter den Exponaten moderner Kunst (Fernand Léger, Robert Delaunay, Pablo Picasso, Georges Braque, Amedeo Modigliani) können Sie hier unter anderem Raoul Dufy's »Fée Electricité« (das größte Gemälde der Welt) und »La Danse« von Henri Matisse bewundern. Großartiger Blick von der Terrasse des Museumsrestaurants (die Salate sind besonders zu empfehlen) über die Seine zum nahe gelegenen Eiffelturm. *Di–So 10–17.30 Uhr, Eintritt frei (Wechselausstellungen 5 Euro), 11, av. du Président Wilson (16. Arr.), M 9: Iéna, www.mam.paris.fr*

Musée Bourdelle **[127 F3]**
Das Atelier des von Rodin beeinflussten Bildhauers Antoine Bourdelle (1861–1929) hat seinen ursprünglichen Charakter bewahrt. Mehr als 500 Skulpturen aus Gips, Marmor und Bronze schmücken die Wohnräume, das Atelier und den Garten des Künstlers. Interessante Wechselausstellungen bereichern die einmalige Sammlung. *Di–So 10–18 Uhr, Eintritt frei (Wechselausstellungen 4,50 Euro), 16–18, rue Antoine Bourdelle (15. Arr.), M 12: Falguière*

Musée Carnavalet **[124 A5]**
In dem prunkvollen Stadtpalais von 1548, nur wenige Meter vom Place des Vosges entfernt, wird die bewegte Geschichte der Stadt Paris von der römischen Zeit bis heute aufgerollt. Häusermodelle veranschaulichen den großen Einschnitt in das Stadtbild durch den Baron Haussmann. Zahlreiche Gemälde sowie Objekte (z. B. Kleidungsstücke der Revolutionäre und Modelle der Guillotine) dokumentieren wichtige Meilensteine der Entwicklung von Paris. Sehenswert ist auch das Schlafzimmer des Dichters Marcel Proust. Zusätzlich gibt es Wechselausstellungen. *Di–So 10 bis*

18 Uhr, Eintritt frei, 23, rue de Sévigné, M 1: Saint-Paul

Musée de Cluny (Musée National du Moyen Age) [129 D1]
★ Das spätgotische Stadtpalais der Äbte von Cluny, direkt neben den römischen Thermen aus dem 3. Jh., bietet die ideale Kulisse für diese Ausstellung mittelalterlicher Kunst. Neben Buchmalerei, Möbeln und Kunsthandwerk sowie antiken Skulpturen sind vor allem die Glasfenster und Wandteppiche sehenswert. Den Höhepunkt bildet der Rundsaal mit den sechs Wandteppichen der »Dame mit dem Einhorn« (Insider Tipp) (15. Jh.). Während die ersten fünf Teppiche die fünf Sinne allegorisieren, ist die Bedeutung des sechsten Teppichs ungeklärt, und er zieht dadurch jeden Betrachter in seinen geheimnisvollen Bann. *Mi–Mo 9.15–17.45 Uhr, 5,50 Euro, 6, pl. Paul Painlevé (5. Arr.), M 10: Cluny-La Sorbonne*

Musée Dapper [120 B2]
Eine Fundgrube für Afrika-Liebhaber! Das Museum in der Nähe des Arc de Triomphe bietet nicht nur anspruchsvolle Wechselausstellungen zur Kunst Schwarzafrikas in Form von Gemälden, Skulpturen und Fotografien, sondern auch Vorführungen von Tanz, Theater und Musik aus Afrika. Der gut sortierte Buchladen sowie das dazugehörige Café sind empfehlenswert. *Mi–Mo 11–19 Uhr, Eintritt 6 Euro (letzter Mi im Monat gratis), 35, rue Paul Valéry (16. Arr.), M 2: Victor Hugo, www.dapper.com.fr*

Musée Delacroix [122 C6]
Am idyllischen Place de Furstemberg, direkt hinter dem Verkehrsgetöse des Boulevard Saint-Germain, liegen das ehemalige Atelier und die letzte Wohnung des romantischen Malers Eugène Delacroix (1798–1863), der u. a. einige Fresken in der benachbarten Kirche *Saint-Sulpice* geschaffen hat. *Mi bis Mo 9.30–17 Uhr, Eintritt 5 Euro, 6, rue de Furstemberg (6. Arr.), M 4: Saint-Germain-des- Prés, www.musee-delacroix.fr*

Musée Guimet (Musée National des Arts Asiatiques) [120 B3]
Als eine außerordentlich umfangreiche Sammlung asiatischer Kunst führt das Museum zu einem intensiveren Verständnis des fernen Ostens und seiner Religionen. Ausgesuchte Kunstobjekte aus Indien, China, Japan, Indonesien, Afghanistan und Tibet werden hier gezeigt. *Mi–Mo 10–17.45 Uhr, Eintritt 6 Euro, 6, pl. d'Iéna (16. Arr.), M 9: Iéna, www.museeguimet.fr*

Musée Jacquemart André [121 E1]
In der intimen Atmosphäre eines prunkvollen Privatpalais aus dem 19. Jh. haben Edouard André und seine Frau Nélie Jacquemart eine der schönsten Privatsammlungen Frankreichs zusammengestellt, darunter Meisterwerke berühmter Künstler wie Rembrandt, Sandro Botticelli, Canaletto und Tizian. Haben Sie schon mal unter einem Deckengemälde von Giovanni Tiepolo Tee getrunken? Im Museumscafé (Insider Tipp) haben Sie von 11.45 bis 17.30 Uhr diese sicherlich einmalige Gelegenheit. *Tgl. 10–18 Uhr, Eintritt 9,50 Euro (Audioführer gratis), 158, bd. Haussmann (8. Arr.), M 9, 13: Miromesnil, www.musee-jacquemart-andre.com*

Im Louvre: Nicht nur die Kunstwerke, auch der Rahmen flößt Ehrfurcht ein

Musée d'Art et d'Histoire du Judaïsme **[123 F4]**

In einem prächtig renovierten Stadtpalais im Marais – dort, wo Judentum noch heute gelebt wird – wird die Entwicklung der jüdischen Gemeinschaften in ganz Europa anhand von Kunst, Kunsthandwerk und Objekten aus aller Welt demonstriert. *Mo–Fr 11–18, So 10 bis 18 Uhr, Eintritt 6,80 Euro, Hotel de Saint-Aignan, 71, rue du Temple (3. Arr.), M 11: Rambuteau, www.mahj.org*

Musée du Louvre **[122 C4–5]**

★ Für das weitläufigste Museum der Welt bedarf es einer überlegten Besuchsstrategie. Denn im Louvre gibt es weit mehr als ehrwürdige Damen wie die »Venus von Milo« (2. Jh. v. Chr.), Leonardo da Vincis »Mona Lisa« (16. Jh.) und Jan Vermeers »Spitzenklöpplerin« (17. Jh.) zu bewundern. Wer die lange Schlange am Haupteingang unter der Pyramide vermeiden will, Insider Tipp nimmt die *Porte des Lions* (Seine-Seite) am Denon-Flügel. Von dort aus stehen Sie schnell vor der ständig umlagerten »La Joconde«, der Mona Lisa, die im frisch restaurierten *Salle des Etats* in neuem Licht erstrahlt. Daneben sollten Sie sich am *Informationsschalter* unbedingt einen Übersichtsplan (auf Deutsch) und eine Wochenübersicht über die turnusmäßigen Schließungen bestimmter Sammlungen besorgen.

Dann können Kulturhungrige aus einem reichhaltigen Menü, das bis ins 7. Jh. v. Chr. zurückreicht, auswählen: Auf die drei Gebäudekomplexe verteilt *(Denon, Sully, Richelieu)* stellen sich die orientalische, ägyptische (besonders monumental) und griechisch-römische Hochkultur vor. Neben der europäischen Bildhauerkunst vom Mittelalter bis zum 19. Jh., dem Kunsthandwerk und über 100 000 Grafiken aus sechs Jahrhunderten stellt die Gemäldesammlung einen Höhepunkt dar, der die Geschichte der europäischen Malerei vom 13. bis zum 19. Jh. nach Regionen geordnet dokumentiert. In der prächtigen *Apollo-Galerie* legen überbordender

Stuck und Gemälde von Charles Le Brun, Eugène Delacroix u. a. Zeugnis ab von der Machtfülle des Sonnenkönigs Ludwig XIV.

Sie können den Museumsbesuch auch unterbrechen, indem Sie in der geschmackvollen unterirdischen Einkaufspassage *Carrousel du Louvre* (auch sonntags) ein Café oder eins der vielen internationalen Schnellrestaurants aufsuchen. Selbst wenn Sie das Museum gar nicht anschauen wollen, lohnt es sich, zumindest den Gebäudekomplex des Louvre zu besichtigen, der sich von einer Festung aus dem 12. Jh. zu einem Renaissancepalast entwickelt hatte. Die freigelegten *mittelalterlichen Grundmauern,* der abends sehr schön beleuchtete *Cour Carée,* der kleine *Triumphbogen,* der in einer Sichtachse mit seinem größeren Bruder steht, und die gewagte *Glaspyramide* des chinesischen Architekten Ieoh Ming Pei sind absolute Höhepunkte eines Paris-Besuchs.

Mi–Mo 9–18 Uhr (Mi u. Fr bis 21.45 Uhr), Eintritt 8,50 Euro (ab 18 Uhr 6 Euro), M 1, 7: Palais Royal-Musée du Louvre, www.louvre.fr. Tickets im Vorverkauf an Bahnhöfen (SNCF) oder bei Fnac: Tel. 08 92 68 46 94, aus dem Ausland Tel. 0033/1/42 31 32 28.

Insider Tipp Musée Maillol [122 A6]

Dina Vierny hat als Gründerin des Museums und als ehemaliges Modell des wegweisenden Künstlers Aristide Maillol (1861–1944) dessen Werk sehr geschmackvoll zusammengestellt. 18 Frauenskulpturen von Maillol stehen übrigens im *Jardin des Tuileries. Mi–Mo 11–18 Uhr, Eintritt 8 Euro, 59–61, rue de Grenelle (7. Arr.), M 12: Rue du Bac, www. museemaillol.com*

Musée Marmottan [134 C4] Insider Tipp

Das Bild, das dem Impressionismus seinen Namen gab, »Impression Soleil Levant«, hängt neben hundert anderen Meisterwerken Claude Monets (1840–1926) im Untergeschoss der prachtvollen Villa nahe dem Bois de Boulogne. Edle Bibelmalereien sowie Gemälde aus der privaten Sammlung Monets (von Edgar Degas, Edouard Manet, Auguste Renoir) schmücken die geschmackvoll eingerichteten oberen Wohnräume. Ein Muss für jeden Impressionismus-Liebhaber! *Di–So 10–18 Uhr, Eintritt 7 Euro, 2, rue Louis Boilly (16. Arr.), M 9: La Muette, www.marmottan.com*

Musée Nissim de Camondo [115 E6]

Im Gegensatz zu dem sehr weitläufigen Musée des Arts Décoratifs in der Nähe des Louvre werden hier dekorative Gebrauchsgegenstände wie Geschirr, Möbel und Teppiche im Louis-Seize-Stil in dem eher intimen Rahmen eines Stadtpalais aus dem 18. Jh. präsentiert. Die Familie Camondo hatte hier ihre Residenz in der Nähe des Parc Monceau, eines Langschaftsgartens im englisch-chinesischen Stil. *Mi–So 10–17.30 Uhr, Eintritt 6 Euro, 63, rue de Monceau (8. Arr.), M 2, 3: Villiers*

Musée de l'Orangerie [122 A4]

In dem an den Louvre angrenzenden Jardin des Tuileries befindet sich die bemerkenswerte Sammlung des Kunsthändlers Paul Guillaume mit Werken von u. a. Auguste Renoir, Pablo Picasso, Paul Cézanne, Henri Matisse und Amedeo Modigliani. Höhepunkt aber bilden die »Nymphéas« (Seerosen) von Claude Monet, deren acht große Kompositionen die Wände von Sälen in elliptischer Form zieren und damit den Eindruck fließenden Wassers und Lichts verstärken. *Place de la Concorde, Jardin des Tuileries (1. Arr.), M 1, 8, 12: Concorde.* Geschlossen voraussichtlich bis Mai 2006.

Musée d'Orsay **[122 A–B 4–5]**
★ In den lichtdurchfluteten Sälen des 1986 glanzvoll umgebauten Bahnhofs stehen die Maler des Lichts, die Impressionisten, im Mittelpunkt. Daneben sind aber auch Werke von Wegbereitern der Moderne wie Vincent van Gogh, Paul Gauguin und Paul Cézanne zu sehen. Die Gemälde, Skulpturen, die Kunstobjektsammlung sowie Dokumentationen zur Stadtplanung, Film- und Plakatkunst umfassen den Zeitraum von 1848 bis 1914, einer Epoche, die zu den kunstgeschichtlich fruchtbarsten gehört. Beeindruckend ist nicht nur das reichhaltige Angebot des Museumsbuchladens, sondern auch der elegante Speisesaal, in dem sonntags ab 15.30 Uhr neben Kulinarischem Klavierkonzerte dargeboten werden. *Di–So 10–18 Uhr (So ab 9, Do bis 21.45 Uhr), Eintritt 7,50 Euro, 1, rue de la Légion d'Honneur (7. Arr.), M 12: Solférino, www.musee-orsay.fr*

Musée Edith Piaf **[125 D3]**
In einer Privatwohnung wird das Leben der legendären Chansonsängerin (1915–63) anhand von Bühnen- und Privatkleidung, Briefen, Fotos und anderen persönlichen Gegenständen dokumentiert. *Okt. bis Mai Mo–Mi 13–18, Do 10–12 Uhr, nur nach tel. Anmeldung: Tel. 01 43 55 52 72, Eintritt frei, 5, rue Crespin du Gast (11. Arr.), M 2: Ménilmontant*

Musée Picasso **[124 A5]**
★ Der üppig mit Stuck ausgestattete Palast *Hôtel Salé* im Marais beherbergt mit 251 Gemälden, 160 Skulpturen und 1500 Grafiken die umfangreichste Kollektion des großen Meisters. Die Ausstellung wird abgerundet durch Werke aus der persönlichen Sammlung Picassos (afrikanische Kunst, Werke von Paul Cézanne, Georges Braque etc.). *Mi–Mo 9.30–18 Uhr (Okt. bis März bis 17.30 Uhr), Eintritt 6,70 Euro, 5, rue de Thorigny (3. Arr.), M 8: Chemin Vert, www.musee-picasso.fr*

Musée Rodin **[121 E–F6]**
★ Kein Geringerer als der deutsche Dichter Rainer Maria Rilke, der zeitweise bei ihm als Privatsekretär arbeitete, hat Auguste Rodin dazu bewegt, sich in diesem prächtigen Palais niederzulassen. Neben bekannten Werken wie »Der Kuss« oder »Die Kathedrale« sind hier auch einige Schöpfungen seiner begabten Schülerin und Geliebten Camille Claudel zu sehen. Der dazugehörige Skulpturenpark mit einem Café verschafft Erholung inmitten von Kunst. *Di–So, April–Sept. 9.30 bis 17.45 (Park bis 18.45), Okt. bis März 9.30–16.45 Uhr (Park bis 17 Uhr), Eintritt 7 Euro (Park 1 Euro), 77, rue de Varenne, (7. Arr.), M 13: Varenne, www.musee-rodin.fr*

Musée du Vin **[120 A5]**
Im Gewölbekeller eines Klosters aus dem 15. Jh., nur zehn Minuten vom Eiffelturm entfernt, können Weinliebhaber ihrer Leidenschaft frönen. Die Geschichte des Wein-

Nur ein Stück des Tors zur Hölle steht im Garten des Musée Rodin: Teil der monumentalen Bronzeskulptur »La Porte de l'Enfer«

baus in Frankreich seit der Römerzeit wird hier anschaulich in Szene gesetzt. Weinseminare – auch auf Englisch – werden jeden Samstag abgehalten (Tel. 01 64 09 44 80). *Di–So 10–18 Uhr, Eintritt 8 Euro (inkl. 1 Glas Wein), freier Eintritt beim Besuch des sich ebenfalls im Gewölbekeller befindlichen Restaurants, 5, Square Dickens (16. Arr.), Tel. 01 45 25 63 26, M 6: Passy, www.museeduvinparis.com*

Muséum National d'Histoire Naturelle **[130 A3]**
★ Eingebettet in den Jardin des Plantes liegt der Museumskomplex für Naturgeschichte, in dem die glasüberdachte Halle der *Grande Galerie de l'Evolution* besonders eindrucksvoll inszeniert ist. Neben riesigen Walskeletten empfängt Sie eine Karawane von Tieren. Ein didaktisch höchst ansprechender Weg mit interaktiven Spielen führt durch die Entwicklung des Lebens auf unserer Erde. Gedämpftes Licht erfüllt die Räume, durch das innerhalb von 1 Stunde und 40 Minuten der Tagesablauf simuliert wird. Das Ganze ist untermalt von Musik, die sich aus 500 in der Natur vorkommenden Tönen zusammensetzt. *Mi–Mo 10–18 Uhr, Eintritt 8 Euro, 57, rue Cuvier (5. Arr.), M 5, 10/ RER C: Gare d'Austerlitz, www.mnhn.fr*

Palais de Tokyo **[120 C3]**
Kein Museum im klassischen Sinn. In den für die Weltausstellung von 1937 errichteten Hallen unweit des Eiffelturms präsentieren zeitgenössische Künstler ihre teilweise provozierenden Rieseninstallationen. Das Café, das eher an eine einfache Kantine erinnert, gilt unter jungen Parisern als ultra-trendy. *Di–So 12–24 Uhr, Eintritt 6 Euro, 13, av. du Président Wilson (16. Arr.), M 9: Iéna, www.palaisdetokyo.com*

RESTAURANT
Le Procope

Bon appétit – mittags wie abends!

Genuss und Lebensart: Die Pariser Restaurants sind Orte ungeahnter Gaumenfreuden

Essen bedeutet für die Franzosen weit mehr als bloße Nahrungsaufnahme. Es ist auch ein Mittel der sozialen Begegnung und Teil des Lebensgenusses. Wenn Sie die Gastronomie des Landes für sich entdecken wollen, die in Paris ein Zentrum mit den wohl meisten hochkarätigen Restaurants weltweit besitzt, sollten Sie die folgenden grundsätzlichen Dinge wissen.

Das Frühstück *(petit déjeuner)* fällt in Frankreich für deutsche Verhältnisse eher bescheiden aus. Schließlich braucht man Platz für das weitaus üppigere Mittagessen *(déjeuner)*, das etwa zwei Stunden dauert und meist nur halb so teuer wie ein Abendessen *(diner)* ist.

Abends öffnen die meisten Restaurants nicht vor 20 Uhr. Nach einem Apéritif (Kir, Champagner oder ein Pastis), mit dem der Alltag abgeschlossen wird, wird gern ein *amuse-gueule* (kleiner Gaumenschmeichler) eingenommen, der auf das bevorstehende Mahl einstimmt. Danach hat man die grundsätzliche Entscheidung zwischen einem Essen *à la carte* und einem *menu* zu treffen. Bei Ersterem ist man freier in der Auswahl, muss aber auch tiefer in die Tasche greifen. Erfreulicherweise wird heute nicht mehr erwartet, dass man drei oder vier Gänge wählt. Doch Vor- und Hauptspeise bzw. Hauptspeise und Dessert müssen meist schon sein. Traditionell besteht ein Menü aus Vorspeise *(entrée)*, Hauptspeise *(plat)* – meist Fleisch *(viande)* oder Fisch *(poisson)* –, Käse *(fromage)* und Dessert. Nachspeise und Käse werden oft alternativ angeboten. Leitungswasser *(eau en carafe)* und Brot *(pain)* stehen gratis auf dem Tisch. Ein *café* oder der *déca* (entkoffeinierter Kaffee) am Schluss dürfen nicht fehlen. Ein gutes Restaurant zeichnet sich immer auch durch eine umfassende Weinkarte aus. Wein *(vin)* wird ausschließlich zum Essen gereicht und nie danach.

Das Ambiente ist wesentlicher Bestandteil des Essensgenusses

Genügen oft als Frühstück: der »petit café« und ein Croissant

So sieht eine typische Pariser Brasserie aus: Bofinger

BRASSERIEN

Brasserien gehören zu Paris wie die Biergärten zu München. Es handelt sich dabei um relativ große Brauereigaststätten, die um die Wende zum 20. Jh. entstanden und in denen neben Meeresspezialitäten eher deftige Gerichte angeboten werden. Mit ihren oft glanzvollen Dekors aus der Belle-Epoque stehen viele von ihnen unter Denkmalschutz. Das Essen in den Brasserien ist zwar nicht ganz billig, aber durchaus noch erschwinglich (€€).

Bofinger [124 B6]
Unter der eindrucksvollen Glaskuppel im Jugendstil sind Sauerkraut und Meeresfrüchte der Renner. *Tgl., 5, rue Bastille (4. Arr.), Tel. 01 42 72 87 82, M 1, 5, 8: Bastille, www.bofinger.fr*

Brasserie Lipp [122 B6]
Berühmt. Gegründet 1880 von einem Elsässer. Hier verkehren auch Staatsmänner und Literaten. *Tgl., 151, bd. Saint-Germain (6. Arr.), Tel. 01 45 48 53 91, M 4: Saint-Germain-des-Prés, www.brasserielipp.fr*

Charlot [116 B5]
Die besten Austern und Krustentiere der Stadt. Einziges Restaurant, in dem die echte Bouillabaisse aus Marseille serviert wird. *Tgl., 12, pl. Clichy (9. Arr.), Tel. 01 53 20 48 00, M 2, 13: Place Clichy, www.charlot-paris.com*

La Coupole [128 B3]
★ Art-déco-Tempel, in dem sich Filmleute und anderes buntes Volk treffen. In den 1920er-Jahren verkehrten hier Künstler wie Marc Chagall, Pablo Picasso und Salvador Dalí. Die 33 Säulen dieser größten Brasserie von Paris, die tagsüber auch als Café genutzt wird, sind von Künstlern bemalt. *Tgl., 102, bd. du Montparnasse (14. Arr.), Tel. 01 43 20 14 20, M 4: Vavin, www.groupeflo.com*

Julien [123 F2]
★ Überbordender Stuck zwischen blumenberankten Jugendstildamen

und immensen Spiegeln bringt jeden in dieser traditionsreichen Gaststätte zum Staunen. *Tgl., 16, rue du Faubourg Saint-Denis (10. Arr.), Tel. 01 47 70 12 06, M 4, 8, 9: Strasbourg-Saint-Denis, www.julienparis.com*

CAFÉS

Angélina **[122 B3]**
Klassiker dieses mondänsten Cafésalons der Stadt sind die heiße Schokolade und der »Montblanc«, eine üppige Halbkugel aus Baiser und Maronencreme. *Tgl. (Aug. geschl.), 226, rue de Rivoli (1. Arr.), Tel. 01 42 60 82 00, M 1: Tuileries, www.angelina.fr*

Café de Flore **[122 B6]**
Seit Simone de Beauvoir und Jean-Paul Sartre, die hier Stammgäste waren, Treffpunkt der Intellektuellen, heute vor allem aber der Schickeria. *Tgl., 172, bd. Saint-Germain (6. Arr.), Tel. 01 45 48 55 26, M 4: Saint-Germain-des-Prés, www.cafe-de-flore. com*

Les Deux Magots **[122 B6]**
Literatencafé, mindestens genauso berühmt wie das benachbarte Café de Flore. Benannt nach den zwei chinesischen Porzellanfiguren im Innenraum. Besonders schön sitzt man auf der Terrasse gegenüber der Kirche Saint-Germain-des-Prés. *Tgl., 6, pl. Saint-Germain-des-Prés (6. Arr.), Tel. 01 45 48 55 25, M 4: Saint-Germain-des-Prés, www.lesdeuxmagots.fr*

Ladurée **[122 A3]**
Prunkvoller *Salon de Thé* aus dem 19. Jh. mit reich bemalten Deckenfresken. Berühmt vor allem für seine wunderbaren Maronenkekse, die es in allen erdenklichen Farben und Geschmacksrichtungen gibt,

MARCO POLO Highlights »Essen & Trinken«

★ **Bel Canto**
Feinste italienische Küche, garniert mit Arien (Seite 52)

★ **La Grande Cascade**
Belle-Epoque-Pavillon in herrlicher Naturkulisse (Seite 54)

★ **Le Train Bleu**
Prächtiges Fin-de-Siècle-Dekor – ein Fest für die Sinne (Seite 54)

★ **Le Dome du Marais**
Speisen unter wunderschöner Glaskuppel (Seite 55)

★ **L'Escargot du Montorgueil**
Edles Traditionslokal aus den Zeiten der Hallen (Seite 56)

★ **Bouillon Racine**
Ambitionierte Küche zwischen üppigen Jugendstilornamenten (Seite 57)

★ **La Coupole**
Art-déco-Tempel mit Künstler-Tradition (Seite 50)

★ **Julien**
Die schönste Brasserie der Stadt (Seite 50)

Die Gourmettempel von Paris

Les Ambassadeurs **[121 F3]**
In einem prunkvollen Ballsaal aus dem 18. Jh. werden die kulinarischen Kreationen des jungen Jean-François Piège aufgetragen. Menü ab 150 Euro. *So Ruhetag (Mo nur abends), Hotel Crillon, pl. de la Concorde (8. Arr.), Tel. 01 44 71 16 16, M 1, 8, 12: Concorde, www.restaurant@crillon.com*

Le Grand Vefour **[122 C3]**
Das goldüberladene, üppige Dekor dieses Restaurants im Palais Royal aus dem 18. Jh. bildet den adäquaten Rahmen für eine Küche der Spitzenklasse. Hier speiste schon Napoleon mit seiner Josephine. Menü ab 230 Euro. *Sa/So Ruhetag (Fr nur mittags, Aug. geschl.), 17, rue Beaujolais (1. Arr.), Tel. 01 42 96 56 27, M 1, 7: Palais Royal-Musée du Louvre, www.relaischateaux.com/vefour*

Jules Verne **[120 B5]**
Hier können Sie exklusive Küche genießen, wobei Ihnen buchstäblich ganz Paris zu Füßen liegt. Für den Rundblick haben die Sessel eigens angebrachte Rollen. Menü ab 160 Euro. *Tgl., Aufzug in die 2. Etage des Eiffelturms (7. Arr.), Tel. 01 45 55 61 44, M 6: Bir Hakeim*

Le Meurice **[122 B3]**
Chef-Cuisinier Yannick Alleno gehört zu den Shootingstars der Gourmetszene. Wunderschöner Speisesaal. *So Ruhetag (Sa nur mittags), 228, rue de Rivoli (1. Arr.), Tel. 01 44 58 10 55, M 1: Tuileries*

Pierre Gagnaire **[121 D2]**
Nicht nur das Dekor des Restaurants, in dem Drei-Sterne-Koch Pierre Gagnaire waltet, ist modern. Auch die Kreationen der Küche sind ungewöhnlich innovativ. Menü ab 195 Euro. *Sa Ruhetag (So nur abends, Aug. nur mittags), Hotel Balzac, 6, rue Balzac (8. Arr.), Tel. 01 58 36 12 50, M 1: George V, www.pierre-gagnaire.com*

Plaza Athénée **[121 D3]**
Originelles Design aus verschiedenen Stilen im gleichnamigen Hotel. Mit Alain Ducasse kocht hier einer der ganz Großen seiner Zunft. Menü ab 190 Euro. *Sa/So Ruhetag (Mo–Mi nur abends), av. Montaigne (8. Arr.), Tel. 01 53 67 65 00, Métro: Franklin D. Roosevelt, www.alain-ducasse.com*

und die man natürlich auch mitnehmen kann. *Tgl., 16, rue Royale (8. Arr.), Tel. 01 42 60 21 79, M 8, 12, 14: Madeleine, www.laduree.fr*

Marhaba **[131 D1]**
Salon de thé, in dem Sie sich ein bisschen wie in einem marokkanischen Souk fühlen. Zwischen Lederwaren, Lebensmitteln und bunter Kleidung wird Tee mit honigsüßem Gebäck gereicht. Gutes Preis-Leistungs-Verhältnis. *So Ruhetag, 30, Rue Faidherbe (11. Arr.), Tel. 01 43 70 59 44, M 8: Faidherbe-Chaligny*

Mariage Frères **[114 C6]**
Teesalon im eleganten Kolonialstil, dessen Angebot unübertrefflich ist. Teezubehör und exquisites Gebäck ergänzen den Genuss. Es werden auch andere Gerichte wie Quiche Lorraine und Salate angeboten. *Tgl., 260, rue du Faubourg Saint-Honoré (8. Arr.), Tel. 01 46 22 18 54, M 2 Ternes, www.mariagefreres.fr*

La Palette **[122 C6]**
Ein nachmittags und abends gleichermaßen quirliges Terrassencafé in der Nähe der Kunstakademie. Ein Klassiker. *So Ruhetag, 43, rue de Seine (6. Arr.), Tel. 01 43 26 68 15, M 4: Saint-Germain-des-Prés*

RESTAURANTS €€€

Alcazar **[122 C6]**
Der Schickeriatreff trägt die Handschrift von Sir Terence Conran. In der Bar im Obergeschoss legen die besten DJs der Stadt auf. Die Küche zieht spielerisch alle Register – bis hin zu klassischen französischen Gerichten. *Tgl., 62, rue Mazarine (6. Arr.), Tel. 01 53 10 19 99, M 4, 10: Odéon, www.alcazar.fr*

Bel Canto **[123 E5]**
★ Ein Restaurant der besonderen Art: Bei feinster italienischer Küche schmettern ausgebildete Opernsänger begleitet vom Piano Arien von Verdi, Puccini und anderen. Ein Erlebnis. *Tgl. (nur abends), 72, Quai de l'Hôtel de Ville (4. Arr.), Tel. 01 42 78 30 18, M 1, 11: Hôtel de Ville, www.belcanto.com*

Benoît **[123 E5]** Insider Tipp
Meister-Cuisinier Alain Ducasse hat jetzt auch ein Bistrot übernommen, und zwar eins der traditionsreichsten von Paris. Spezialität: Kalbskopf. *Tgl., 20, rue Saint-Martin (4. Arr.), Tel. 01 42 72 25 76, M 4/RER A, B, D: Châtelet-Les Halles*

Le Ciel de Paris **[128 A3]**
Speisen im Himmel über Paris und dabei die ganze Stadt unter

Schon die Bohème der 1920er-Jahre traf sich im Les Deux Magots

und den Eiffelturm vor sich haben: Das können Sie im 56. Stock des *Tour Montparnasse.* Besonders beeindruckend während der Dämmerung, wenn vor den großen Panoramafenstern langsam das Lichtermeer der Stadt entflammt. *Tgl., 33, av. du Maine (14. Arr.), Tel. 01 40 64 77 64, M 4, 6, 12, 13: Montparnasse-Bienvenüe, www.cieldeparis.com*

La Grande Cascade **[132 A3]**
★ Gleich neben dem großen Wasserfall im Bois de Boulogne ließ sich Napoleon III. diesen eleganten Glaspavillon bauen. So eingebettet in die Natur wird das Mahl zu einem Gesamtkunstwerk. Menü ab 70 Euro. *Tgl., allée de Longchamp (16. Arr.), Tel. 01 45 27 33 51, M 1: Porte Maillot, www.lagrandecascade.fr*

Hiromatsu **[120 A3]**
Die Kritiker sind begeistert von dem »japanischen Alain Ducasse«. In den Räumen des früheren Luxuslokals Faugeron zaubert Hiroyuki Hiromatsu, der Chef-Cuisinier aus Fernost, klassische französische Gerichte in ein-zigartiger Weise auf die Tische der Gäste. Deliziös! *Sa/So Ruhetag, 52, rue de Longchamp (16. Arr.), Tel. 01 56 81 08 80, M 6, 9: Trocadéro*

Insider Tipp **Market** **[121 D3]**
Das Lokal nach New Yorker Vorbild ist derzeit mega-in. Die in Naturtönen gehaltene Einrichtung ist durchgestylt bis zum letzten Teller, was man von der französisch-italienisch-asiatischen Küche ebenfalls sagen kann. *Tgl., 15, av. Matignon (8. Arr.), Tel. 01 56 43 40 90, M 1, 9: Franklin D. Roosevelt, www.jean-georges.com*

Senderens **[122 A2]**
Statt 300 Euro müssen Sie nun nur noch etwa 100 Euro hinlegen, um bei Alain Senderens, einem der berühmtesten Cuisiniers der Stadt, speisen zu können. Der ehemalige Küchenchef des Lucas Carton hat seine drei Michelinsterne zurückgegeben und ein exquisites Restaurant im Brasseriestil aufgemacht. *Tgl., 9, pl. de la Madeleine (8. Arr.), Tel. 01 42 65 22 90, M 8, 12, 14: Madeleine*

Le Train Bleu **[130 C2]**
★ Ohne Zweifel das schönste Bahnhofsrestaurant der Welt. In den 11 m hohen Räumen sitzen Sie wie in einem der Schlosssäle von Versailles. Wenn Ihnen die Preise für das Essen hier zu gehoben sind, können Sie die Pracht auch mit einem Cocktail in der Hand von einem Ledersessel in der Bar aus genießen. Insider Tipp *Tgl., Gare de Lyon, 1. Etage, (12. Arr.), Tel. 01 43 43 09 06, M 1, 14/RER A, D: Gare de Lyon, www.le-train-bleu.com*

RESTAURANTS €€

L'Appart **[121 D2]**
Traditionelle, aber auch innovative Küche in diesem gemütlichen Restaurant, das wie ein Wohnzimmer wirkt. Schöne Bar und Bibliothek. *Tgl., 9, rue du Colisée (8. Arr.), Tel. 01 53 75 42 00, M 1, 9: Franklin D. Roosevelt, www.lappart.com*

Le Bélier **[122 C5]** Insider Tipp
Sie sitzen hier wie in einem Gemälde von Jan Vermeer. Stardesigner Jacques Garcia hat das intime Restaurant im edlen *L'Hôtel* zu einem wahren Schmuckstück gemacht. In bequemen Sesseln, umgeben von

dezenter klassischer Musik, ist immer noch gut nachvollziehbar, warum der Schriftsteller und Ästhet Oscar Wilde hier seine letzten Tage verbrachte. Gemessen am Ambiente sind die Mittagsmenüs durchaus erschwinglich. *Tgl. (Aug. So/Mo geschl.), 13, rue des Beaux Arts (6. Arr.), Tel. 01 44 41 99 00, M 4: Saint-Germain-des-Prés, www.l-hotel.com*

Café Marly **[122 C4]**
Schickes Restaurant, von dessen Terrasse aus Sie einen herrlichen Blick auf den Louvre haben. Besonders während der Pariser Modenschauen ist es hier voll – mit jungem, internationalem Publikum. *Tgl., Palais du Louvre, 93, rue de Rivoli (1. Arr.), Tel. 01 49 26 06 60, M 1, 7: Palais Royal-Musée du Louvre*

Le Cap Vernet **[120 C2]**
Ausgezeichnetes Fischrestaurant, in dem die Frische der Meeresfrüchte keinen Wunsch offen lässt. Jeden zweiten Samstag im Monat kommt ein Austernzüchter aus der Normandie oder der Bretagne, um seine Produkte vorzustellen. *So Ruhetag (Sa nur abends), 82, av. Marceau (8. Arr.), Tel. 01 47 20 20 40, M 1, 2, 6/RER A: Charles de Gaulle-Etoile*

ChantAirelle **[129 E2]** Insider Tipp
Das Restaurant ist eine Hommage an die Auvergne. Abgesehen vom Eis stammt hier alles aus dieser zentralfranzösischen Region. Die gehaltvolle und schmackhafte Küche passt zum rustikalen Ambiente und dem schönen kleinen Innenhof. Wer will, kann Delikatessen aus der Auvergne mit nach Hause nehmen. *Tgl. (Sa/So u. Aug. nur abends), 17, rue Laplace (5. Arr.), Tel. 01 46 33 18 59, M 10: Cardinal Lemoine, www.chantairelle.com*

Le Dome du Marais **[124 A5]**
★ Unter der stilvollen Glaskuppel und im wintergartenähnlichen Saal gibt es nur wenige Tische, sodass ei-

Nicht übel für ein Bahnhofslokal: das Belle-Epoque-Restaurant Le Train Bleu

Koscheres auch zum Mitnehmen gibt es bei Jo Goldenberg

ne intime, dezent-elegante Atmosphäre herrscht. Empfehlenswert ist neben der klassischen Ente *(canard à l'orange)* auch der Seewolf mit Morchelsauce. *So/Mo Ruhetag, 53 bis, rue des Francs-Bourgeois (4. Arr.), Tel. 01 42 74 54 17, M 1: Saint-Paul*

L'Escargot Montorgueil [123 E4]
★ Traditionslokal von 1832 im Empirestil. Hier verkehrten einst Marcel Proust, Charlie Chaplin, Pablo Picasso und Jackie Kennedy. Am Eingang ein Deckengemälde aus dem Speisezimmer der berühmten Schauspielerin Sarah Bernhardt, die hier ebenfalls gern speiste. Nicht nur die namensgebenden Schnecken, sondern auch berühmte Gerichte der hier früher angrenzenden Markthallen stehen auf der Karte. *Tgl., 38, rue Montorgueil (1. Arr.), Tel. 01 42 36 86 83 51, M 4: Etienne Marcel*

La Gare [132 B4] Insider Tipp
In einem umgebauten Bahnhof sind die Tische auf originelle Weise zwischen den teilweise noch vorhandenen Schienen und unter einem Oberlicht aufgestellt. Auch die Bar und die Terrasse des Lokals im schicken, teuren Passy-Viertel sind »à la mode«. *Tgl., 19, ch. de la Muette (16. Arr.), Tel. 01 42 15 15 31, M 9: La Muette, www.restaurantlagare.com*

Jo Goldenberg [123 F5]
Das jüdische Restaurant mit Delikatessenladen mitten im Marais ist eine Institution. Besonders bekannt: Borschtsch mit gefülltem Karpfen. *Tgl., 7, rue des Rosiers (4. Arr.), Tel. 01 48 87 20 16, M 1: Saint-Paul*

Maceo [122 C3]
Innovatives, zeitgenössisches Restaurant mit großzügigem, hellem und angenehmem Speisesaal. Sehr einfallsreiche französische Speisen, auch hervorragende vegetarische Gerichte. *Sa mittag/So Ruhetag, 15, rue des Petits-Champs (1. Arr.), Tel. 01 42 97 53 85, M 3 Bourse*

Le Moulin de la Galette [116 C4]
Legendäre Mühle, die 1830 in einen schon bald beliebten und noch heute berühmten Ballsaal umgewandelt wurde, verewigt von berühmten Malern wie Henri de Toulouse-Lautrec. Das angenehme, modern eingerichtete Restaurant mit kleinen Garteninnenhöfen bietet ei-

ne exzellente Küche. So/*Mo Ruhetag, 83, rue Lepic (18. Arr.), Tel. 01 46 06 84 77, M 12: Abbesses*

RESTAURANTS €

Le Bistrot des Deux Théatres [116 B6]
Stilvolles Restaurant mit einem überraschend guten Preis-Leistungs-Verhältnis. Da sich das Lokal, wie der Name schon sagt, zwischen zwei Theatern befindet, verkehren hier auch viele Schauspieler. Wer Glück hat, kann auch mal Gérard Depardieu treffen. *Tgl., 18, rue Blanche (9. Arr.), Tel. 01 45 26 41 43, M 12: Trinité d'Estienne d'Orves*

Bouillon Racine [129 D1]
★ Über zwei Etagen schlängeln sich traumhaft schöne Jugendstilornamente zwischen Fenstern, Spiegeln und einer Wandvertäfelung, die in dezentem Frühlingsgrün gehalten ist. Selbst der schöne Mosaikboden dieser ehemaligen Arbeiterkantine wurde sorgsam restauriert. Ebenso sorgsam ist die Küche mit belgischem Akzent. *Tgl., 3, rue Racine (6. Arr.), Tel. 01 44 32 15 60, M 10/RER B: Cluny-La Sorbonne, www.bouillon-racine.com*

Café de l'Industrie [124 B6]
Locker-jugendliche Kneipenatmosphäre herrscht in diesem im Kolonialstil gehaltenen Lokal. Es gibt schmackhafte Tagesgerichte, die auch außerhalb der sonst üblichen Essenszeiten serviert werden, wobei die Essensvorschläge auf Tafeln stehen, die zwischen den Fotos schwarzer Schönheiten an der Wand hängen. *Tgl., 16, rue Saint-Sabin (11. Arr.), Tel. 01 47 00 13 53, M 1, 5, 8: Bastille*

Chez Glandines [129 E6]
Sehr preisgünstige Spezialitäten aus Südwestfrankreich und dem Baskenland in diesem einfachen Lokal im beliebten Ausgehviertel Butte-aux-Cailles. Dementsprechend lockere Atmosphäre. *Tgl., 30, rue des Cinq Diamants (13. Arr.), Tel. 01 45 80 70 10, M 6: Corvisart*

Chez Marianne [123 F5]
Um die Ecke der belebten Rue des Rosiers und mitten im Marais liegt dieses quirlige Restaurant mit Terrasse und Delikatessenladen. Zumindest die sehr beliebten orientalischen Vorspeisenteller sollten Sie probieren. Unbedingt reservieren. *Tgl., 2, rue des Hospitalières Saint-Gervais (4. Arr.), Tel. 01 42 72 18 86, M 1: Saint-Paul*

Le Felteu [123 F4–5]
Kleines, gemütliches Restaurant mit traditionellen Speisen ganz in der Nähe des Centre Pompidou. *So Ruhetag, 15, rue Pecquay (4. Arr.), Tel. 01 42 72 14 51, M 8: Rambuteau*

Pause Café [124 C6]
Nachmittags eher nur Café. Sonnige Terrasse. Bunter Szenetreff mit italienisch angehauchter Küche gleich hinter der Bastille. Ein echter Dauerbrenner, der im Lauf der Jahre nichts von seiner Beliebtheit verloren hat. *Tgl. (So nur bis 20 Uhr), 41, rue de Charonne (11. Arr.), Tel. 01 48 06 80 33, M 1, 5, 8: Bastille*

Le P'tit Troquet [121 D5]
Sehr hübsches kleines Bistro, dessen Besitzer alte Werbetafeln sammelt. Einfache, gute Produkte, tagesfrisch vom Markt. Nur wenige Schritte von der Ecole Militaire entfernt. *So Ruhetag (Sa u. Mo nur mit-*

Pariser Spezialitäten

Lassen Sie sich diese Köstlichkeiten gut schmecken!

bœuf bourguignon – Rinderschmorbraten in Burgundersauce

bouillabaisse – Fischtopf aus Mittelmeerfischen

brochettes de coquilles Saint-Jacques – Spießchen mit Jakobsmuscheln

caneton à l'orange – junge Ente mit Orangensauce

coq au vin – Hähnchen in Burgundersauce

côtes de porc aux herbes – Schweinekoteletts in Kräutersauce

crêpes Suzette – Eierpfannkuchen mit Grand Marnier

écrevisses à la nage – gekochte Flusskrebse in gewürzter Brühe

escargots à la bourguignonne – gekochte Weinbergschnecken in ihren Schalen serviert

fruits de mer – Meeresfrüchte, z. B. *crevettes* (Garnelen), *huîtres* (Austern) und *coquilles/moules* (Muscheln) – oft roh serviert

gigot d'agneau aux morilles – Lammkeule mit Morcheln

gratin dauphinois – mit Käse überbackene Sahnekartoffeln

homard à l'armoricaine – Hummer in einer Sauce aus Tomaten, Knoblauch, Kräutern, Weißwein und Cognac

lapin sauté aux pruneaux – Kaninchenragout in Rotwein und mit Backpflaumen

moules marinières – in Weißweinsud und Knoblauch gedünstete Miesmuscheln

noisettes d'agneau – kleine Lammkoteletts, in Butter gebraten

pintade farcie en papillote – mit Schweine- und Hühnerleber gefülltes Perlhuhn in Folie, serviert in Portweinsauce

pot-au-feu – Eintopf aus Rindfleisch (Suppenfleisch) und Huhn mit vielerlei Gemüse

profiteroles – kleine Windbeutel mit Vanilleeis und Schokosauce

quenelles de brochet – Klöße aus einer Mousse von Hechtfleisch, Sahne und Eiern

ratatouille – kalt oder warm serviertes, lange gekochtes Gemüse mit Olivenöl, Knoblauch und Kräutern der Provence

soupe à l'oignon gratinée – Zwiebelsuppe, mit Käse überbacken

tarte Tatin – gestürzter, karamellisierter Apfelkuchen

tags), 28, rue de l'Exposition (7. Arr.), Tel. 01 47 05 80 39, M 8: Ecole Militaire

Pooja **[123 F2]**
Das authentischste unter den indischen Restaurants in der Passage Brady. Seit Jahren eine Institution. Gemütliche, angenehme Atmosphäre und sehr günstige Preise. *Tgl., 91, Passage Brady (10. Arr.), Tel. 01 48 24 00 83, M 4: Château d'Eau, www.poojarestaurant.com*

Restaurant de Bourgogne **[124 A1]**
Ein Bistrot, in dem man sich um Jahrzehnte zurückversetzt fühlt, mit Preisen, die die Geldbörse schonen, ohne dass dies zu Lasten der Qualität ginge. *Sa mittags/So Ruhetag, 26, rue des Vinaigriers (10. Arr.), Tel. 01 46 07 07 91, M 5: Jacques Bonsergent*

Le Soleil Gourmand **[116 C4]**
Das kleine Restaurant auf halbem Weg hinauf zum Montmartre strahlt eine sonnige Atmosphäre aus. Hier stehen leichte Gerichte mit einem Hauch Provence auf der Karte, wie z. B. eine *tarte poisson,* eine Fischtorte. *Tgl., 10, rue Ravignan (18. Arr.), Tel. 01 42 51 00 50, M 12: Abbesses*

La Table des Gourmets **[123 E5]**
Ob Sie in einem gallo-römischen Saal oder in den Gewölben einer Kapelle aus dem 12. Jh. speisen wollen, das müssen Sie entscheiden. Das Ambiente in diesem Restaurant ist in beiden Fällen etwas Besonderes. Gediegene, aber sehr preisgünstige Küche mit französischen Spezialitäten. *So Ruhetag, 14, rue des Lombards (4. Arr.), Tel. 01 40 27 00 87, M/RER: Châtelet-Les Halles*

WEINBARS

Hier wird in erster Linie getrunken: Die Weinkarte ist natürlich umfangreich, dazu gibt es kleine Speisen wie Wurst- oder Käseteller.

Le Coude Fou **[123 F5]** Insider Tipp
Typisches Weinlokal, wie es sie leider nur noch selten gibt in Paris. Große Auswahl, einfache Holztische, auf Wunsch kleine Speisen. *Tgl., 12, rue du Bourg-Tibourg (4. Arr.), Tel. 01 42 77 15 16, M 1, 11: Hotel de Ville*

Juvèniles **[122 C4]**
Sehr beliebt, besonders bei jungen Leuten, und das nicht nur wegen der leckeren Tapas. *So/Mo mittags Ruhetag, 47, rue de Richelieu (1. Arr.), Tel. 01 42 97 46 49, M 1, 7: Palais Royal-Musée du Louvre*

Le Rubis **[122 B3]**
Einfache Weinbar, die sich seit der Eröffnung 1948 kaum verändert hat. Reichhaltige Weinauswahl, Käseteller und jeden Tag ein traditionelles Tagesgericht. *So Ruhetag (Sa nur mittags), 10, rue du Marché Saint-Honoré (1. Arr.), Tel. 01 42 61 03 34, M 8, 14: Pyramides*

Wine & Bubbles **[123 D–E4]**
Laden mit rund 500 Weinen im Angebot, die man entweder mitnehmen oder in der angeschlossenen Weinbar konsumieren kann (Korkengeld 3 Euro pro Flasche). Auf Wunsch Wurstteller oder Käse dazu. *So Ruhetag, 3, rue Française (1. Arr.), Tel. 01 44 76 99 84, M 4: Etienne Marcel*

GIVENCHY
GUCCI
BOUCHERON

Très chic, très riche: Eleganz und Luxus

Mode, Accessoires und Delikatessen locken in verführerischer Verpackung

Shopping in der französischen Konsummetropole: Vor dem geistigen Auge ziehen Luxusartikel wie Mode, Parfüms, Delikatessen, Champagner und derlei Dinge vorbei. In Paris wird alles in geballter Ladung und in eindrucksvoller Aufmachung zur Schau gestellt. Dafür muss man häufig tiefer in die Tasche greifen als zu Hause. Doch oftmals hat Paris eben auch das Beste zu bieten, und wenn man weiß, wo man hin muss, lassen sich durchaus Schnäppchen machen. Abgesehen davon hat allein das Bummeln in den Konsumtempeln, Einkaufsstraßen und Passagen schon einen erheblichen Unterhaltungswert – und der ist umsonst zu haben. Ob es sich um die Schaufenster der Haute-Couture-Läden in der Rue du Faubourg Saint-Honoré handelt, in denen der neueste Schrei ausgestellt wird, oder um einen Lebensmittelmarkt mit seinen üppigen, bunten Auslagen: Shopping in Paris ist ein Erlebnis.

Die meisten Läden sind montags bis freitags zwischen 10 und 19 oder 19.30 Uhr geöffnet. Die großen Kaufhäuser haben donnerstags ihre *nocturne,* einen verlängerten Abendeinkauf, an dem sie erst um 21 oder 22 Uhr schließen. Falls Sie sonntags etwas besorgen wollen: Die Läden im Marais, im Louvre-Untergeschoss und manche Geschäfte an den Champs-Elysées haben auch dann geöffnet. Die vielen kleinen Lebensmittelläden *(épiceries)* scheinen ohnehin nie zuzumachen: In Frankreich gibt es kein Ladenschlussgesetz. Dafür kann es aber passieren, dass manch kleinerer Laden am Montag, am Mittwoch oder über Mittag schließt. Die letzten drei, vier Sonntage vor Weihnachten haben die Kaufhäuser und viele andere Geschäfte auf.

Richtig günstig einkaufen können Sie im Schlussverkauf *(soldes).* Dann werden Nachlässe von bis zu 50 Prozent gewährt. Der genaue Termin wird jährlich neu festgelegt: in der Regel Anfang bis Mitte Januar sowie Ende Juni; Dauer jeweils sechs Wochen.

Hier passt das Wort Konsumtempel wirklich: die Galeries Lafayette

ANTIQUITÄTEN

Dépot de Vente de Paris [128 A6] Insider Tipp
In diesem Lager von 3000 m² Größe kann man noch richtige Schnäppchen machen. Alte Möbel, Silber, Gemälde und vieles mehr zu teil-

Schnuppern Sie doch mal rein – in den Feinkostladen Izraël

weise sehr günstigen Preisen. *117, rue d'Alésia (14. Arr.), M 4: Alésia*

Drouot **[123 D1]**
Berühmtestes Auktionshaus in Paris. Hier kommen jährlich mehr als 600 000 Objekte unter den Hammer, auch echter Schmuck. *9, rue Drouot (9. Arr.), M 8, 9: Richelieu-Drouot, www.gazette-drouot.com*

Insider Tipp **Village Saint-Paul** **[124 A6]**
In mehreren miteinander verbundenen, idyllischen Hinterhöfen unweit des Place des Vosges bieten rund 90 verschiedene Geschäfte Kleinmöbel, Bilder, Schmuck, Porzellan und mehr an. *Do–Mo, zwischen rue Saint-Paul und rue Charlemagne (4. Arr.), M 1: Saint-Paul*

BÜCHER & MUSIK

Les Bouquinistes **[122–123 B–E 4–6]**
Die grünen Holzkästen zu beiden Seiten der Seine prägen seit 300 Jahren das Stadtbild. Es kann sehr amüsant sein, zwischen den alten Büchern, Zeitschriften und Postkarten herumzustöbern. *Zwischen Tuilerien und der Ile Saint-Louis (1. Arr./5. Arr.), M 7: Pont Neuf*

Fnac **[121 D2]**
Größte Pariser Buchhandlung. Dazu eine große CD- und Video-/DVD-Abteilung. *Tgl. bis 24 Uhr, 74, av. des Champs-Elysées (8. Arr.), M 1, 9: Franklin D. Roosevelt, www.fnac.com*

Marissal **[123 E4]**
Deutsche Buchhandlung mit großem Angebot an Büchern und Plänen zu Paris. *42, rue Rambuteau (3. Arr.), M/RER: Châtelet-Les Halles, www.marissal.com*

Virgin Megastore **[121 D2]**
Riesiger CD-Laden, in dem Sie Stunden stöbern können. (CDs sind teurer als in Deutschland!) *Tgl. bis 24 Uhr, 52, av. des Champs-Elysées (8. Arr.), M 1, 9: Franklin D. Roosevelt, www.virginmegastore.fr*

DELIKATESSEN

Barthélemy **[122 A6]**
★ Einer der besten Käseläden *(crèmeries)* von Paris. Beliefert auch den Elysée-Palast. *51, rue de Grenelle (7. Arr.), M 12: Rue du Bac*

Berthillon **[123 F6]**
Hier gibt es das beste Eis der Stadt. Um die langen Schlangen vor dem Hauptgeschäft auf der Ile Saint-Louis zu verkürzen, wird das Berthillon-Eis mittlerweile in der ganzen Stadt verkauft. *Mi–So (Sept. bis Mitte Juli), 31, rue Saint-Louis-en-Ile (4. Arr.), M 7: Pont Marie*

Debauve & Gallais **[122 B5]**
★ Die 200 Jahre alte, elegante Chocolaterie gleicht einem Juwelierladen. Der Unterschied besteht nur darin, dass hier die teuren Sünden auf der Zunge zergehen. *30, rue des Saint-Pères (7. Arr.), M 4: Saint-Germain-des-Prés, www.debauve-et-gallais.com*

Fauchon **[122 A2]**
Im siebten Himmel der Feinschmecker, der keine Wünsche offen lässt, kann sich auch der Normalverbraucher mal was Gutes tun und ein paar Häppchen mitnehmen. Bemerkenswert die exotischen Früchte, das Trüffel- und Kaviarangebot. *26, pl. de la Madeleine (8. Arr.), M 8, 12, 14: Madeleine, www.fauchon.fr*

Hédiard **[122 A2]**
Das traditionsreiche Feinkostgeschäft (seit 1854) führt neben vielen anderen Leckereien in exquisite Döschen verpackte Trüffel-Gänseleber und Hummerpastete, die sich vorzüglich als originelle Mitbringsel eignen. *21, pl. de la Madeleine (8. Arr.), M 8, 12, 14: Madeleine, www.hediard.fr*

Izraël **[123 F5]** Insider Tipp
Spezialitäten aus aller Welt, vor allem aus arabischen, afrikanischen und asiatischen Ländern, türmen sich in wildem Durcheinander bis an die Decke dieses voll gestopften Ladens: zusammen mit den an Haken hängenden Würsten und den exotischen Gewürzen ein einmaliges Dufterlebnis. *30, rue François Miron (4. Arr.), M 1: Saint-Paul*

Lavinia **[122 B2]**
Größte Weinhandlung Europas. 6500 Weine aus 43 Ländern auf drei Etagen zu Preisen von 3 bis 6500 Euro. Den gekauften Wein kann man gleich (ohne Aufpreis) in der zugehörigen Bar bei kleinen Speisen austrinken. *Mo–Sa, 3–5, bd. de la Madeleine (1.Arr.), M 8, 12, 14: Madeleine*

Tang Frères **[133 E5]** Insider Tipp
Nur wenige chinesische Supermärkte in Europa sind so groß.

MARCO POLO Highlights »Einkaufen«

★ **Debauve & Gallais**
Eine Chocolaterie wie ein Juwelierladen (Seite 63)

★ **Barthélemy**
Das Königreich für Käseliebhaber – auf kleinster Fläche (Seite 62)

★ **Clignancourt**
Der größte Flohmarkt der Welt (Seite 64)

★ **Le Bon Marché**
Das eleganteste Kaufhaus von Paris (Seite 64)

★ **Place des Victoires**
Junge Modemacher und viele Boutiquen (Seite 66)

★ **Rue du Faubourg Saint-Honoré**
Die Haute-Couture-Meile der Stadt (Seite 66)

Liegt im modernen Chinesenviertel, umgeben von Chinarestaurants, die Lust aufs Nachkochen machen. *Di–So, 48, av. d'Ivry u. 168, av. de Choisy (13. Arr.), M 7: Porte d'Ivry, www.tang-freres.com*

DESIGN & LIFESTYLE

The Conran Shop **[128 B1/122 C2]**
Wer dieses großflächige Geschäft betritt, hat alle Möglichkeiten, sein Haus zeitgenössisch-modern durchzustylen. *117, rue du Bac (7. Arr.), M 10, 12: Sèvres-Babylone und 30, bd. des Capucines (9. Arr.), M 3, 7, 8: Opéra, RER A: Auber, www.conran.com*

Insider Tipp **Dehillerin** **[123 D4]**
In diesem Traditionshaus von 1820 gibt es auf zwei Etagen nichts, was es nicht gibt in Sachen Küche und Kochen. Unter Köchen ist Dehillerin weltbekannt, französische Starköche gehen hier ein und aus. *18, rue Coquillière (1. Arr.), Métro/RER: Châtelet-Les Halles, www.e-dehillerin.fr*

Nobilis **[122 C5]**
Die schönen Dekostoffe, teilweise nach Vorlagen aus dem 18. Jh., haben weltweit einen Namen. *32, 38, 40, rue Bonaparte (6. Arr.), M 4: Saint-Germain-des-Prés, www.nobilis.fr*

Rue de Paradis **[117 E6]**
Das Paradies für alle, die Freude am schön gedeckten Tisch und dem Rundherum haben. Eine unglaubliche Anzahl von Geschäften, in denen alle großen Marken wie Lalique, Christofle, Baccarat, Bernardeau und viele andere vertreten sind. *M 7: Poissonière*

FLOHMÄRKTE

Aligre **[130 C1]**
Ältester und relativ preiswerter, sehr schöner Flohmarkt, auf dem auch Lebensmittel angeboten werden. *Di–So vormittags, pl. d'Aligre (12. Arr.), M 8: Ledru-Rollin*

Clignancourt **[116–117 C–E1]**
★ Mit mehr als 3000 Händlern der weltgrößte Flohmarkt. Hier gibt es so gut wie alles. Der *Marché aux Puces de Saint-Ouen* besteht aus verschiedenen Teilmärkten, und um alle abzugehen, müssten Sie etwa 15 km zurücklegen. Zur Stärkung zwischendurch empfiehlt sich die urige Kneipe *Chez Louisette,* Insider Tipp (Teilmarkt Marché Vernaison) mit Livemusik. *Sa–Mo 9–18 Uhr, Marché Vernaison, 130, av. Michelet (18. Arr. bzw. Saint-Ouen), M 4: Porte de Clignancourt, www.lespuces.com, www.vernaison.net*

Vanves **[127 D6]**
Die besten Entdeckungen können Sie am Samstag in aller Frühe machen. Außerdem: Von März bis Oktober bieten sonntags Künstler auf dem *Square Georges Lafenestre* ihre Werke an. *Sa/So 7–13 Uhr, av. Georges Lafenestre (14. Arr.), M 13: Porte de Vanves*

KAUFHÄUSER

Le Bon Marché **[128 A1]**
★ Das älteste Kaufhaus der Stadt wurde von Gustave Eiffel mitentworfen und ist seit über 150 Jahren Symbol für Luxus und Lebensgenuss. Es ist immer noch beeindruckend, bei dezenter klassischer Musik ohne den sonst üblichen Touristenrummel durch dieses Belle-

Epoque-Juwel zu schlendern. Eine der besten Schuh- und Modeabteilungen der Stadt mit allen großen Marken. Die Feinkostabteilung im Nebenhaus ist ein echtes Erlebnis. *24, rue de Sèvres (7. Arr.), M 10, 12: Sèvres Babylone, www.lebon marche.fr, www.lagrandeepicerie.fr*

Galeries Lafayette **[122 B1]**
Nicht nur Japaner geraten ins Schwärmen, wenn sie unter die gewaltige Glaskuppel dieses Konsumpalasts von 1908 treten. Kleidung ist hier nicht wie in Deutschland nach Hosen, Blusen usw., sondern nach Markennamen geordnet. *40, bd. Haussmann (9. Arr.), M 3, 7, 8: Opéra, RER A: Auber, www.galeries lafayette.com*

Printemps **[122 C1]**
Nach der riesigen Kosmetikabteilung im Erdgeschoss und dem neu gestalteten Wellnessbereich in der 1. Etage geht es nach oben zu sämtlichen Luxusmodemarken, aber auch an Erschwinglicherem vorbei bis zum Café-Restaurant unter der berühmten Jugendstil-Glaskuppel. Kundinnen können sich dienstags Insider Tipp bei einer kostenlosen Modenschau inspirieren lassen (7. Stock, Di 10 Uhr, www.webcamer.com). *64, bd. Haussmann (9. Arr.), M 3, 9: Havre-Caumartin, RER A: Auber, www. printemps.com*

KUNSTGALERIEN

Die größte Ansammlung von Galerien mit zeitgenössischer Kunst finden Sie in der Nähe der berühmten Kunstakademie »Beaux Arts« in der *Rue de Seine* und ihren Seitenstraßen wie der *Rue des Beaux Arts* und der *Rue Mazarine* **[122 C6]**. Eine ähnliche Häufung gibt es sonst nur noch in der *Rue Vieille du Temple* **[124 A4–5]**, vor allem rund ums Picasso-Museum, und in der *Rue Quincampoix* **[123 E4]** beim Centre Georges Pompidou. Weniger etabliert, dafür aber preisgünstiger und vielleicht auch lebendiger, können Sie Bilder der Künstler von Belleville erstehen, deren Werke in einer Galerie in der *Rue de la Mare (Nr. 32)* im 20. Arrondissement ausgestellt werden **[125 E2]**.

MÄRKTE

Barbès **[117 E4]**
Bunter arabisch-afrikanischer Bazar, auf dem schon wegen der niedrigen Preise immer großer Trubel herrscht. *Mi u. Sa vormittags, bd. de la Chapelle, gegenüber Hopital Lanboisière (18. Arr.), M 2, 4: Barbès-Rochechouart*

Belleville **[124 C2]** Insider Tipp
Im bunten und multikulturellen Osten der Stadt liegt der größte, billigste und exotischste Markt von ganz Paris. *Di u. Fr vormittags, (20. Arr.), M 2, 11: Belleville, M 2: Menilmontant*

Treffpunkt Markt: hier in Belleville

Viaduc des Arts

Erlebnis-Shopping vom Feinsten unter einem ehemaligen Eisenbahnviadukt

Das Konzept ist so einfach wie verblüffend: Um als Künstler oder Kunsthandwerker unter den 60 Ziegelsteinbögen des Viadukts **[130–131 C–D 2–3]** ausstellen zu dürfen, muss man dort auch ein Atelier einrichten. Hier kann deshalb jeder den Glasbläsern, Webern, Porzellanmalern und Restauratoren auf die Finger schauen. Schnäppchen sind vor allem beim Stoffhersteller *Malhia Kent* (Nr. 19) zu machen. Im *Atelier N'o* (Nr. 21), das neben Papieren dekorative Urwaldsamen und -wurzeln anbietet, und bei *Sema* (Nr. 23), wo Künstler zu günstigen Preisen ausstellen, kann man ebenfalls schön einkaufen. Für das leibliche Wohl zwischen den 130 Läden sorgen einige ebenso inspirierte Café-Restaurants. Der Clou zum Schluss: Sie können auf dem begrünten Viaduc, also über den Geschäften, zurücklaufen. *1–129, av. Daumesnil (12. Arr.), M 1, 5, 8: Bastille, www.viaduc-des-arts.com*

Marché aux Fleurs et aux Oiseaux **[123 D6]**

Idyllischer Markt mit großem Angebot an Pflanzen und netten Deko-Artikeln sowie (nur an Sonntagen) Vögeln aller Art. *Tgl. 8–16 Uhr, pl. Louis Lépine, Ile de la Cité (4. Arr.), M 4: Cité*

MODE

Schier unerschwinglich ist die Pariser Haute Couture. Doch ein Bummel durch die Modemeilen, ein *lèche vitrines* (Schaufensterlecken) wie die Franzosen sagen, kostet nichts und macht Spaß. In der *Avenue Montaigne* **[121 D3]** und der ★ *Rue du Faubourg Saint-Honoré* **[122 B3]** sind alle namhaften Häuser – Armani, Chanel, Dior, Gucci, Hermès, Lacroix, Max Mara, Versace u. a.– vertreten. Etwas jüngere und frechere Mode finden Sie um den ★ *Place des Victoires* **[123 D3]** und mit Kenzo, Gaultier und anderen in den Boutiquen der *Rue Etienne Marcel.* Auch im Marais, in und um die *Rue des Francs Bourgeois* gibt es witzige Modeboutiquen wie Abu d'abi, Azzedine Alaia, Issey Miyake, Lolita Lempicka und Paule Ka.

Unter *prêt-à-porter* versteht man tragbare Alltagskollektionen, die teilweise von der Haute Couture inspiriert sind. Für Schnäppchenjäger interessant sind die *Degriffé*-Angebote: Dabei handelt es sich um reduzierte Markenkleidung der vergangenen Saison, aus der meist die Firmenetiketten herausgeschnitten wurden. Eine Reihe solcher Läden, die zum Teil auch Lagerbestände *(stock)* anbieten, gibt es in der *Rue d'Alésia* **[128 A6]**: Sonja Rykiel (Nr. 110), Cacharel (114), Crémieux (116), Diapositive (72), Majestic by Chevignon (122), Daniel Hechter (92). Bis zu 40 Prozent

Insider Tipp

unter dem Normalpreis, im Schlussverkauf auch mehr. *M 4: Alésia*

Chercheminippes **[128 A2]**
Secondhand: gut erhaltene Markenklamotten – u. a. von Kenzo, Chanel, Agnès B. –, durch die man sich erst einmal durchwühlen muss. *102, 109, 110, 111, rue Cherche Midi (6. Arr.), M 10: Vaneau*

Colette **[122 B3]**
Megastore für Mode, Design und alles, was hyper-in ist. *213, rue Saint-Honoré (1. Arr.), M 1: Tuileries, www.colette.fr*

Insider Tipp **L'Eclaireur** **[123 F5]**
Interessantes Konzept: eine Mischung aus Objektdesign und Namen wie Issey Miyake, Prada, Helmut Lange, Comme des garçons. *3 ter, rue des Rosiers (4. Arr.), M 1: Saint-Paul, www.leclaireur.com*

L'Espace Créateurs du Forum des Halles **[123 D4]**
Im Untergeschoss des Forum des Halles ist eine halbe Etage jungen Modemachern mit ungewöhnlichen Kollektionen gewidmet. *101, Porte Berger, Niveau -1 (1. Arr.), Métro/RER: Châtelet-Les Halles, www.forum-des-halles.com*

Madélios **[122 A2]**
Ein Tempel der Männermode. Alle großen Marken. Dazu eine riesige Schuhabteilung. Zum Ausverkauf im Januar und Juni mit sehr vorteilhaften Preisen. 23, *bd. de la Madeleine (1. Arr.), M 8, 12, 14: Madeleine, www.madelios.com*

La Marelle **[122 C3]**
Ein Secondhand-Laden, so elegant, wie es ihn nur in Paris geben kann. In der Boutique, die in der herrschaftlichen Galerie Vivienne liegt, kann man edle und sehr gepflegte Teile von Kenzo oder Prado zu manchmal erschwinglichen Preisen finden. *4, rue des Petits Champs (2. Arr.), M 3: Bourse*

Onward **[122 B6]**
Hier haben junge, talentierte Modemacher ihre Spielwiese. Den letzten Schliff für modische Französinnen geben immer noch die Accessoires; also gibt es bei Onward eine große Auswahl an Hüten, Taschen, Schuhen und Schmuck. *147, bd. Saint-Germain (6. Arr.), M 4: Saint-Germain-des-Prés*

Shine **[124 A4]** Insider Tipp
Trendshop der internationalen Mode in einer edlen, holzgetäfelten früheren Apotheke mitten im Marais. *15, rue de Poitou (3. Arr.), M 8: Filles du Calvaire*

Wie goldig! Dieses Modell passt sicher nicht nur Aschenputtel

Hôtel Chopin
HOTEL
HOTEL

Bonne nuit – schlafen Sie gut!

Die Hotelauswahl ist so vielfältig, dass für jeden Geschmack und Geldbeutel ein Quartier dabei ist

Als eins der wichtigsten Touristenziele überhaupt verfügt Paris über eine Vielzahl von Unterkünften aller Kategorien. Neben den weltweit bekannten Hotelpalästen wie dem Crillon, dem Ritz oder dem Plaza Athénée, die überwältigenden Luxus und höchste Eleganz bieten, finden sich auch unter den günstigen, einfachen Häusern echte Kleinode. Man muss sie nur kennen. Viele von ihnen bieten authentischen Charme, familiäre Atmosphäre und zeugen von echter Liebe zum Metier. Gerade solche Häuser, ebenso wie besondere Luxushotels, können vor allem von April bis Juli sowie im September und Oktober ausgebucht sein. Wer ein Wunschhotel hat, sollte also möglichst frühzeitig reservieren. Wenn es ganz eng wird, helfen die Büros des *Office du Tourisme*.

Auf den am Hotel angebrachten Schildern ist die Kategorie des Hotels angegeben (ein bis vier Sterne). Es gibt jedoch auch nicht klassifizierte Hotels, und die Anzahl der Sterne bringt nicht immer den angebotenen Komfort zum Ausdruck. Die meisten Häuser verlangen eine schriftliche Bestätigung per E-Mail, Fax, Brief oder Gutschein. Häufig wird die Angabe der Kreditkartennummer oder eine Anzahlung vorausgesetzt. Auch Annullierungen müssen meist schriftlich erfolgen. Die Tarife können je nach Saison variieren, wobei die in Prospekten und auf Preislisten angegebenen Zimmerpreise in der Regel für ein Doppelzimmer ohne Frühstück gelten. In Paris wird eine geringfügige Kurtaxe erhoben. Wer Missverständnisse vermeiden will, sollte sich vorher die Preisliste ansehen, die deutlich sichtbar am Hoteleingang ausgehängt sein muss.

Très charmant – dieses gemütliche Hotel mit dem berühmten Namen

Bienvenu im Plaza Athénée

HOTELS €€€

Four Seasons George V **[120 C2]**
Nach vollständiger Renovierung im Stil des 18. Jhs. strahlt die Prestige-

adresse heller denn je mit ihren sehr großen, luxuriösen Zimmern. *184 Zi., 61 Apt., 31, av. George V (8. Arr.), Tel. 01 49 52 70 00, Fax 01 49 52 70 10, www.fourseasons.com, M 1: George V*

L'Hôtel **[122 C5]**
★ Extrem kultiviertes und distinguiertes, aber dennoch sehr gemütliches Haus, das nach vollständiger und äußerst geschmackvoller Renovierung durch den bekannten Designer Jacques Garcia schöner denn je ist. Schon der berühmte Schriftsteller Oscar Wilde, der hier 1900 in Zimmer Nr. 13 starb, schätzte diesen Komfort. Einzigartiger runder Lichthof. Riesige Zimmer im Barock-, Empire-, Art-déco- oder japanischen Stil. Im Gewölbekeller Pool und Hammam in der Art römischer Thermen. Wundervolles Restaurant *(Le Bélier). 16 Zi., 4 Apt., 13, rue des Beaux Arts (6. Arr.), Tel. 01 44 41 99 00, Fax 01 43 25 64 81, www.l-hotel.com, M 4: Saint-Germain-des-Prés*

Insider Tipp **Murano** **[124 B4]**
Ultramodernes, cooles Designerhotel, fast ganz in Weiß gehalten. Zwei Suiten mit jeweils eigenem Pool. *51 Zi. bzw. Suiten, 13, bd. du Temple (3. Arr.), Tel. 01 42 71 20 00, Fax 01 42 71 21 01, www.muranoresort.com, M 8: Filles du Calvaire*

Pershing Hall **[121 D2]**
Supercooles Designerhotel in altem Palais mit herrlichem Innenhof, dessen Wand mit einer vertikal wachsenden, üppig wuchernden Vegetation bepflanzt ist, aus der sogar Bäume herausragen. *20 Zi., 6 Apt., 49, rue Pierre Charron (8. Arr.), Tel. 01 58 36 58 00, Fax 01 58 36 58 01, www.pershinghall.com, M 1: George V, M 1, 9: Franklin D. Roosevelt*

Regina **[122 B4]**
Seit seiner Eröffnung im Jahr 1900 eine Institution. Herrliche Jugendstil-Lobby, die Zimmer sind üppig mit alten Möbeln ausgestattet. *116 Zi., 14 Apt., 2, pl. des Pyramides (1. Arr.), Tel. 01 42 60 31 10, Fax 01 40 15 95 16, www.regina-hotel.com, M 1: Tuileries*

HOTELS €€

Hôtel Chopin **[123 D2]**
Charmantes kleines Hotel in schönem Gebäude aus dem 19. Jh. am Ende einer hübschen Passage. Sehr ruhig. *36 Zi., 10, bd. Montmartre (in der Passage Jouffroy, Nr. 46, 9. Arr.), Tel. 01 47 70 58 10, Fax 01 42 47 00 70, www.hotelchopin.fr, M 8, 9: Grands Boulevards*

Hôtel des Grandes Ecoles **[129 E2]**
★ Ein absolutes Highlight. Wer würde nur wenige Meter von der belebten Rue Mouffetard und dem Panthéon ein Landhaus mit Park erwarten? In gänzlich ruhiger Atmosphäre sind die 51 mit Stilmöbeln ausgestatteten Zimmer auf drei kleine Gebäude verteilt und haben überwiegend Blick auf den Park, in dem man auch frühstücken kann. *75, rue du Cardinal Lemoine (5. Arr.), Tel. 01 43 26 79 23, Fax 01 43 25 28 15, www.hotel-grandes-ecoles.com, M 10: Cardinal Lemoine*

Grand Hôtel Jeanne d'Arc **[124 A6]**
Gemütliches und sehr sympathisches kleines Hotel in einer kleinen Gasse, nur ein paar Meter vom pit-

toresken Place du Marché Sainte-Cathérine. Sehr ruhig. Schöne, helle Zimmer im provenzalischen Stil. In den oberen Etagen Blick über die Dächer. *36 Zi., 3, rue de Jarente (4. Arr.), Tel. 01 48 87 62 11, Fax 01 48 87 37 31, www.hoteljeannedarc.com, M 1: Saint-Paul*

Hôtel Langlois **[116 C6]**

★ Ein wahres Kleinod. Die elegante, mit Marmor und Holzverzierungen ausgestattete Eingangshalle verspricht nicht zu viel: Alle 24 Zimmer und die drei Suiten sind mit Art-déco- und Jugendstil-Originalmöbeln, alle unterschiedlich und mit viel Geschmack eingerichtet. Ganz oben Blick auf Sacré-Cœur. Jedes Zimmer hat einen Kamin mit einer Marmorbüste auf dem Sims. *63, rue Saint-Lazare (9. Arr.), Tel. 01 48 74 78 24, Fax 01 49 95 04 43, www.hotel-langlois.com, M 12: Trinité d'Estienne d'Orves*

Hôtel du Midi **[128 B5]**

Ein für diesen Preis überraschend komfortables und sehr professionell geführtes Hotel, das auch bei älteren Reisenden sehr beliebt ist. *50 Zi., 4, av. Renè Coty (14. Arr.), Tel. 01 43 27 23 25, Fax 01 43 21 24 58, www.midi-hotel-paris.com, M 4, 6/RER B: Denfert-Rochereau*

Hôtel Résidence Les Gobelins **[129 E5]**

Sympathisches, ideal gelegenes Hotel zwischen den lebendigen Vierteln Butte-aux-Cailles und Panthèon/Mouffetard. Nette Zimmer mit Bambusmöbeln. Frühstück an schönen Tagen im blumengeschmückten Innenhof. *33 Zi., 9, rue des Gobelins (13. Arr.), Tel. 01 47 07 26 90, Fax 01 43 31 44 05, www.hotelgobelins.com, M 7: Les Gobelins*

Hôtel Saint-Charles **[129 E6]**

Gerade erst renoviertes, sehr hübsches Designerhotel im Herzen des lebendigen Ausgehviertels Butte-aux-Cailles. Dennoch angenehm ruhig mit schöner Atmosphäre. *60 Zi., 6, rue de l'Espérance (13. Arr.), Tel. 01 45 89 56 54, Fax 01 45 88 56 17, www.hotel-saint-charles.com, M 6: Corvisart, M 5, 6, 7: Place d'Italie*

MARCO POLO Highlights »Übernachten«

★ **Nouvel Hôtel**
Verwunschener Garten im Provence-Stil (Seite 74)

★ **Hôtel Langlois**
Marmorbüsten und Art-déco (Seite 71)

★ **Hôtel des Grandes Ecoles**
Landhaus mit kleinem Park mitten in Paris (Seite 70)

★ **Hôtel de Nesle**
Romantik pur in dieser Oase der Ruhe im quirligen Saint-Germain-en-Laye (Seite 74)

★ **L'Hôtel**
Exklusivste Zimmer und einen Pool im Gewölbekeller bietet dieses echte Kleinod (Seite 70)

Pariser Luxushotels

Hôtel de Crillon **[122 A3]**
In diesem prächtigen alten Adelspalast aus dem 18. Jh. steigen mächtige Staatschefs, gekrönte Häupter, aber auch alte und neue Showstars wie Elizabeth Taylor und Madonna ab. Ab 630 Euro. *104 Zi., 43 Apt., 10, pl. de la Concorde (8. Arr.), Tel. 01 44 71 15 00, Fax 01 44 71 15 02, www.crillon.com, M 1, 8, 12: Concorde*

Meurice **[122 B3]**
Nach der äußerst gelungenen Renovierung erstrahlt das herrliche und traditionsreiche Haus mit seinem wundervollen Wintergarten in neuem Glanz. Ab 610 Euro. *135 Zi., 25 Apt., 228, rue de Rivoli (1. Arr.), Tel. 01 44 58 10 10, Fax 01 44 58 10 15, www.meurice hotel.com, M 1: Tuileries*

Plaza Athénée **[121 D3]**
Die Verkörperung eines Pariser Hotelpalais in der Straße der großen Modeschöpfer. Traumhafter Innenhof (Restaurant), äußerst geschmackvoll renovierte Zimmer im klassizistischen oder Art-déco-Stil in sehr warmen Farben. In diesem Haus logieren Schauspieler und Showstars. Außerdem residieren hier das Drei-Sterne-Lokal von Alain Ducasse und eine höchst angesagte Bar. Ab 695 Euro. *143 Zi., 45 Apt., 25, av. Montaigne (8. Arr.), Tel. 01 53 67 66 65, Fax 01 53 67 66 66, www.plaza-athenee-paris.com, M 1, 9: Franklin D. Roosevelt, M 9: Alma-Marceau*

Ritz **[122 B3]**
Schon Ernest Hemingway und Coco Chanel liebten das elegante Hotel am prächtigen Platz der Juweliere. Berühmte Bar und ein herrlicher Innenhof. Außergewöhnlich geschmackvoll eingerichtete Zimmer, dazu ein exquisites Gesundheits- und Massagezentrum mit großem Pool. Ab 560 Euro. *107 Zi., 55 Apt., 15, pl. Vendome (1. Arr.), Tel. 01 43 16 30 30, Fax 01 43 16 36 68, www.ritzparis.com, M 1: Tuileries*

Hôtel du Septième Art **[124 A6]**
Recht beliebtes kleines Hotel im Marais, in dem sich alles um das Thema Kino dreht: Kinoplakate und Filmfotos an der Wand; Utensilien, die an berühmte Filme erinnern, stehen herum. *23 Zi., 20, rue Saint-Paul (4. Arr.), Tel. 01 44 54 85 00, Fax 01 42 77 69 10, hotel7art@wanadoo.fr, M 1: Saint-Paul*

Hôtel de Varenne **[121 F5]**
Angenehmes und ruhiges Hotel mit einem begrünten Innenhof, in dem Sie auch frühstücken können. Hübsch möblierte, jüngst renovierte Zimmer. *24 Zi., 44, rue de Bourgogne (7. Arr.), Tel. 01 45 51 45 55, Fax 01 45 51 86 63, www.hoteldevarenne.com, M 13: Varenne*

Villa des Princes **[128 C1]**
Ruhiges, gediegenes Hotel in Saint-Germain-des-Prés. *12 Zi., 19, rue Monsieur le Prince (6. Arr.), Tel. 01 46 33 31 69, Fax 01 43 26 30 04, www.villa-des-princes.com, M 4, 10: Odéon*

HOTELS €

Hôtel de l'Avre [126 C2]
Dieses kleine Haus an der Ecole Militaire hat viel Charme. Die pastelligen Zimmer – in Blau, Grün oder Gelb – sind alle äußerst liebevoll gestaltet. Im Sommer können Sie Ihr Frühstück in einem schattigen, hübschen kleinen Hof mit Garten einnehmen. *26 Zi., 21, rue de l'Avre (15. Arr.), Tel. 01 45 75 31 03, Fax 01 45 75 63 26, www.hoteldelavre.com, M 6, 8, 10: La Motte-Picquet Grenelle*

Hôtel Bellevue Chariot d'Or [123 E3]
Lobby und Frühstücksraum atmen eine herrliche Belle-Epoque-Atmosphäre. Die Zimmer selbst sind dagegen einfach, aber sauber und weisen für Pariser Verhältnisse ein sehr gutes Preis-Leistungs-Verhältnis auf. Zudem sehr gute Lage im lebendigen Marais-Viertel mit seinen vielen Bars und Boutiquen. *59 Zi., 39, rue Turbigo (3. Arr.), Tel. 01 48 87 45 60, Fax 01 48 87 95 04, www.hotelbellevue75.com, M 4: Réaumur-Sébastopol*

Insider Tipp
Hôtel Bonséjour [116 C4]
In einer ruhigen Gasse mitten im Montmartre-Viertel liegt dieses sehr einfache, aber ausgesprochen günstige und saubere Hotel, dessen frisch renovierte und helle Zimmer Stuck an der Decke und teilweise Balkons haben. In der 5. Etage Blick auf Sacré-Cœur und über die Dächer von Paris (Zimmer Nr. 52 und 55). Sehr freundliche Besitzer. *34 Zi., 11, rue Burq (18. Arr.), Tel. 01 42 54 22 53, Fax 01 42 54 25 92, www.hotel-bonsejour-montmartre.fr, M 12: Abbesses*

Delhy's Hôtel [123 D6]
Superzentral in absolut ruhiger und autofreier Sackgasse nur 100 m von der belebten Place Saint-Michel. *21 Zi., 22, rue de L'Hirondelle (6. Arr.), Tel. 01 43 26 58 25, Fax 01 43 26 51 06, delhys@wanadoo.fr, M 4/RER C: Saint-Michel*

Hôtel Eldorado [116 A4]
Insider Tipp
Ein echtes Juwel. Eine kleine chinesische Dschunke in einem hübschen kleinen Garten mitten in Paris. Individuell eingerichtete Zimmer in afrikanischem oder asiatischem Stil. Ruhig, aber zentral am Fuß des Montmartre gelegen. Schöne Weinbar. Im Sommer können sie auf der Terrasse des Restaurants essen. *39 Zi., 18, rue des Dames (17. Arr.), Tel. 01 45 22 35 21, Fax 01 43 87 25 97, www.eldoradohotel.fr, M 2, 13: Place de Clichy*

Pracht und Eleganz seit 1898: goldener Glanz im Hotel Ritz

Hôtel Esmeralda **[123 D6]**
Sehr romantisches kleines Hotel gegenüber der ältesten Kirche von Paris. Von vielen der individuell mit alten Möbeln eingerichteten Zimmer einzigartiger Blick auf Notre-Dame. Sehr freundliches Personal. Lange im Voraus buchen. *19 Zi., 4 rue Saint-Julien-le-Pauvre (5. Arr.), Tel. 01 43 54 19 20, Fax 01 40 51 00 68, M 4/RER B: Saint-Michel*

Hôtel Henri IV **[123 D5]**
Sehr günstiges kleines Hotel an wunderschönem, baumbestandenem Platz mitten auf der Ile de la Cité. Einfache, helle Zimmer, sehr ruhig. *20 Zi., 25, pl. Dauphine (1. Arr.), Tel. 01 43 54 44 53, M 7: Pont Neuf*

Grand Hôtel du Loiret **[123 F5]**
Ruhiges Hotel im Marais mit 29 vollständig renovierten Zimmern (meist mit Bad oder Dusche). Internetanschluss in der Lobby. *8, rue des Mauvais Garçons (4. Arr.), Tel. 01 48 87 77 00, Fax 01 48 04 96 56, M 1, 11: Hôtel de Ville*

Hôtel de Nesle **[122 C6]**
★ Schon in der Eingangshalle mit ihrer Decke aus getrockneten Blumen treten Sie in eine andere Welt ein. Die originelle Besitzerin teilt die romantischen Zimmer nach Gusto zu: geschmackvolle Räume, jeder anders, viele inspiriert von Molière-Stücken, aber zum Teil ohne Bad/WC. Auch ein marokkanisches (mit echtem Hammam), ein ägyptisches, ein provenzalisches und ein afrikanisches Zimmer. Herrlicher Garten mit Skulpturen und Terrasse. *20 Zi., 7, rue de Nesle (6. Arr.), Tel. 01 43 54 62 41, Fax 01 43 54 31 88, www.hoteldenesleparis.com, M 4, 10: Odéon*

Insider Tipp

Nouvel Hôtel **[131 F2]**
★ Ein Hotel, das man als Geheimtipp eigentlich für sich behalten sollte. Äußerst liebevoll ausgestattete, sehr ruhige und blitzsaubere Zimmer im Laura-Ashley-Stil, alle mit renovierten Bädern und TV. Familiäre Atmosphäre. In dem kleinen Innenhof im Provence-Stil und dem wundervollen, üppig wuchernden Garten mit wildem Wein und Bambus können Gäste beim Frühstück oder später ideal entspannen. Besonders beliebt ist das etwas teurere Zimmer 109 mit direktem Zugang zum Garten. Auch ein Vierbettzimmer gibt es. *28 Zi., 24, av. du Bel-Air (12. Arr.), Tel. 01 43 43 01 81, Fax 01 43 44 64 13, www.nouvel-hotel-paris.com, M 1, 2, 6, 9/RER A: Nation*

Lux Hôtel Picpus **[131 F2]**
Hübsches kleines Hotel. Sehr gut ausgestattete und saubere Zimmer zu äußerst zivilen Preisen. *38 Zi., 74, bd. de Picpus (12. Arr.), Tel. 01 43 43 08 46, Fax 01 43 43 05 22, www.parisluxhotel.com, M 6: Picpus*

Hôtel Pratic **[124 A6]**
Gepflegtes und originelles kleines Hotel mit Charme und alten Möbeln mitten im Ausgehviertel Marais und ganz in der Nähe des Place des Vosges. *23 Zi, 9, rue d'Ormesson (4. Arr.), Tel. 01 48 87 80 47, Fax 01 48 87 40 04, www.hotelpratic.com, M 1: Saint-Paul*

Hôtel du Printemps **[131 F2]**
Gepflegtes, ruhiges, sehr preiswertes Hotel. Für Familien gibt es Vierzimmer. *38 Zi., 80, bd. de Picpus*

(12. Arr.), Tel. 01 43 43 62 31, Fax 01 49 28 97 11, www.hoteldupri ntempssarl.fr, M 6: Picpus

Hôtel Tiquetonne [123 E3]
Eines der preisgünstigsten Hotels im Pariser Zentrum. Einfach, aber sauber. Ruhig gelegen (Fußgängerzone) im belebten Quartier um die Hallen. Sehr gutes Preis-Leistungs-Verhältnis. *48 Zi., 6, rue Tiquetonne (2. Arr.), Tel. 01 42 36 94 58, Fax 01 42 36 02 94, M 4: Etienne Marcel*

Hôtel de la Vallée [123 E4]
Sehr günstiges und beliebtes kleines Hotel im zentralen Viertel um die Hallen und das Centre Pompidou. Lassen Sie sich von den Sexshops in der Umgebung nicht abschrecken. *32 Zi., 84, rue Saint-Denis (1. Arr.), Tel. 01 42 36 46 99, Fax 01 42 36 16 66, www.paris-hotel-lavallee.com, M 4: Les Halles*

HOTELVERMITTLUNG

Office du Tourisme et des Congrès [122 C3]
Das Tourismusbüro vermittelt Zimmer und auch so genannte Hotel-Residenzen mit Küche für mehrere Personen. *Mo–Sa 10–19, So 9–19 Uhr, 25, rue des Pyramides (1. Arr.), Tel. 08 92 68 30 00, www.parisinfo.com; M 7, 14: Pyramides, RER A: Auber*

JUGENDUNTERKÜNFTE

Fédération Unie des Auberges de Jeunesse (FUAJ) [118 A4]
Zentrale Reservierung für alle vier in Paris gelegenen *Jugendherbergen* (im 11., 17. und 20. Arrondissement). Der Jugendherbergsausweis ist erforderlich. *27, rue Pajol (18. Arr.), Tel. 01 44 89 87 27, www.fuaj.org, M 4, 5/RER B, D: Gare du Nord, M 2: La Chapelle, M 12: Marx-Dormoy*

MIJE (Maison Internationale de Jeunesse et des Etudiants) [123 F6]
Drei ausgezeichnete *Jugendhotels* Insider Tipp in herrlich renovierten Stadtpalästen aus dem 16. und 17. Jh. mitten im Marais-Viertel (4. Arr.). Die Hotels sind für Gruppen ausgelegt, es gibt aber auch Einzel- und Doppelzimmer. Im zugehörigen Restaurant in der Rue de Fourcy können die Hotelgäste günstig essen. *6, rue de Fourcy (M 1: Saint-Paul) oder 11, rue du Fauconnier (M 1: Saint-Paul) oder 12, rue des Barres (M 1, 11: Hôtel de Ville); Tel. 01 42 74 23 45, Fax 01 40 27 81 64, www.mije.com*

WOHNUNGEN

Loft und Duplex [116 B4] Insider Tipp
Zwei gut ausgestattete große Wohnungen sowie ein Appartement in einer absolut ruhigen Seitenstraße direkt am Montmartre mit jeweils eigenem kleinen Innenhof, schönen Stilmöbeln und jeweils bis zu sechs Schlafplätzen. Gut geeignet für Familien, Gruppen oder aber zwei bis drei Paare.

Das Loft befindet sich in einem ehemaligen Nachtclub, in dem noch der originale Bartresen steht. Die Maisonettewohnung Duplex ist die frühere Kantine der Gemeindeverwaltung von Montmartre. Mindestaufenthalt: drei Nächte (ab sieben Nächten 30 Prozent Rabatt). *7, Cité Véran (18. Arr.), Tel. 06 14 48 47 48, www.loftparis.net, M 2: Blanche*

Bonne soirée – viel Spaß am Abend!

In den nicht ganz billigen Pariser Nightclubs und Diskos ist das richtige Outfit entscheidend

Ein Apéritif eröffnet den Abend

Der Ruf des Pariser Nachtlebens ist legendär, und jeden Abend versuchen neben den Parisern und den Vorortbewohnern Tausende von Touristen etwas vom besonderen Flair dieser Stunden zu erhaschen. Angesagt ist vor allem der untere Teil des Montmartre, das Marais, die Gegend um die Bastille sowie die Umgebung der Rue Oberkampf und Teile von Belleville. Das linke Seine-Ufer, *rive gauche*, vor allem Saint-Germain-des-Prés, ist fest in der Hand der Touristen, doch es gibt auch dort neuerdings wieder Ecken, die als *branché*, also als in gelten. So ein Viertel ist auch Butte-aux-Cailles nahe dem Place d'Italie mit seinen vielen Kneipen und noch relativ günstigen Preisen.

Vergnügungssüchtige sollten wissen, dass die öffentlichen Verkehrsmittel nur bis etwa 0.30 Uhr verkehren, und sich deshalb Gedanken über die Rückfahrt machen. Zur Wahl stehen Nachtbusse, die dann wenigen Taxis der Stadt oder die erste Métro am Morgen. Ausgehen muss in Paris gut vorbereitet sein. Das gilt vor allem für Nachtclubs und Diskotheken. Wer nicht elegant angezogen ist und noch dazu einen Schuss Originalität versprüht, hat meist keine Chance, die strengen Türsteher zu passieren. Tanzschuppen in alten Fabrikhallen sucht man vergebens – fast alles, was gut ist, ist auch exklusiv. Auch das Budget muss stimmen: Das Pariser Nachtleben ist teuer. Der Eintritt in Clubs und Diskos kostet je nach Lokal, Wochentag und Veranstaltung zwischen 7 und 20 Euro. Übrigens – im August ist vieles geschlossen.

Nach dem Theaterbesuch – hier im L'Odéon – lockt das nächtliche Paris

BARS

Apparemment Café **[124 A4]**
Tiefe Sofas und Sessel im Stil der 1930er-Jahre vor holzgetäfelten Wänden, eine Bibliothek und Gesellschaftsspiele sowie leckeres Essen und Cocktails. *Tgl., 18, rue*

Wie es der Name sagt: Das Café Charbon war einmal eine Kohlehandlung

Coutures Saint-Gervais (3. Arr.), Tel. 01 48 87 12 22, M 8: Saint-Sébastien-Froissart

Le Barramundi **[122 C2]**
Wegen der relaxten Atmosphäre ein beliebter Treffpunkt für Verliebte und diskrete Gespräche. Geräumiges Restaurant und Bar auf zwei Etagen. Samstags oft Disko im Untergeschoss. *Mo–Sa, 3, rue Taitbout (9. Arr.), Tel. 01 47 70 21 21, M 8, 9: Richelieu-Drouot*

Barrio Latino **[130 C1]**
★ Das von Gustave Eiffel erbaute Gebäude ist einer der beliebtesten Pariser Vergnügungsorte. Drei Etagen mit Eisenbalkonen um ein zentrales Atrium mit schönem Tresen. Sofas, Latin-Musik, Drinks, Tapas und Salsa. *Tgl., 46–48, rue du Faubourg Saint-Antoine (12. Arr.), Tel. 01 55 78 84 75, M 8: Ledru-Rollin, M 1, 5, 8: Bastille*

Café Beaubourg **[123 E5]**
Etwas stylische Bar direkt gegenüber vom Centre Pompidou. Sehr en vogue. Neben vielen Touristen trendige junge Leute aus Paris. Schöne Terrasse, sehr leckerer Brunch. *So–Mi 8–1 Uhr, Do–Sa 8–2 Uhr, 43, rue Saint-Merri (4. Arr.), Tel. 01 48 87 63 96, M/RER: Châtelet Les-Halles*

Buddha Bar **[122 A3]**
Bar, Restaurant und noch mehr. Ein echter Klassiker. Sphärische Ethnomusik, dazu asiatische Küche. *Tgl., 8 bis, rue Boissy d'Anglas (8. Arr.), Tel. 01 53 05 90 00, M 1, 8, 12: Concorde*

Café Charbon **[124 C3]**
Ein bekannter Anlaufpunkt. Einrichtung im Stil des frühen 19. Jhs. Immer voll, langsamer Service, aber gute Stimmung. *Tgl. (Do–Sa bis 4 Uhr), 109, rue Oberkampf (11.*

Arr.), Tel. 01 43 57 55 13, M 3: Parmentier

Insider Tipp

China Club **[130 C1]**
Eine Reise ins Shanghai der 1930er-Jahre: Art-déco-Lampen, abgedunkeltes Licht, Chesterfield-Sofas, Vorkriegsjazz und schöne Cocktails. Im kleinen Konzertsaal Ethno- und Jazzkonzerte. *Tgl. (Fr/Sa bis 3 Uhr), 50, rue de Charenton (12. Arr.), Tel. 01 43 43 82 02, M 8: Ledru-Rollin, www.chinaclub.com*

Closerie des Lilas **[128 C4]**
Das einstige Künstlercafé des Montparnasse ist heutzutage bekannt für seine Champagnercocktails bei dezenter Pianomusik. *Tgl., 171, bd. de Montparnasse (6. Arr.), Tel. 01 40 51 34 50, M 4, 6: Raspail*

Insider Tipp

Favela Chic **[124 B3]**
Szenelokal: brasilianisches Essen, gute Caipirinhas, lateinamerikanische Rhythmen, ab und zu Konzerte. Super Stimmung, immer voll. *Di–Sa (Fr/Sa bis 4 Uhr), 18, rue du Faubourg du Temple (11. Arr.), Tel. 01 40 21 38 14, M 3, 5, 8, 9, 11: Republique, www.favelachic.com*

Le Fumoir **[123 D4]**
★ Elegante, aber sehr relaxte Bar im Neokolonialstil: Oldtimejazz, Mahagoni, Bibliothek und gute Drinks in Louvre-Nähe. *Tgl., 6, rue de l'Amiral de Coligny (1. Arr.), Tel. 01 42 92 00 24, M 1: Louvre-Rivoli, www.lefumoir.com*

Man Ray **[121 D2]**
Wer die schicke Bar, in der man auch gut isst, besucht, kann seinen Drink neben Schauspielern und Mannequins einnehmen. Freitags Disko, montags Opernmusik live. *Tgl., 32–34, rue Marbeuf (8. Arr.), Tel. 01 56 88 36 36, M 1, 9: Franklin D. Roosevelt, www.manray.fr*

MARCO POLO Highlights »Am Abend«

★ **Bar des Plaza Athénée**
Schick, angesagt und supercooles Design (Seite 80)

★ **Barrio Latino**
Auf drei Etagen trinken, turteln, tanzen (Seite 78)

★ **Le Batofar**
Das Seine-Schiff ist einer der heißesten Tanzschuppen der Stadt (Seite 80)

★ **La Casbah**
Disko wie in einer Welt aus dem alten Arabien (Seite 80)

★ **Le Fumoir**
Klassische Bar: elegant, relaxt, jazzig (Seite 79)

★ **New Morning**
Der Jazzclub der Stadt mit den besten Musikern aus aller Welt (Seite 81)

★ **Rex-Club**
Riesendisko und bester Technoclub von Paris (Seite 81)

★ **Les Bouffes du Nord**
Experimentelles Theater der Extraklasse (Seite 85)

Bar des Murano Resort **[124 B4]**
Die Bar im Popart-Stil ist momentan mega-in zum Aperitif. Skulpturen und Lüster aus Murano. *13, bd. du Temple (3. Arr.), Tel. 01 42 71 20 00, M 8: Filles du Calvaire*

Bar des Plaza Athénée **[121 D3]**
★ Total angesagt und supercool: Die Designerbar mit einem Tresen in Form eines bläulich leuchtenden, riesigen Eiswürfels ist Treffpunkt von Prominenten und des schicken Paris. *Tgl., Plaza Athénée, 25, av. Montaigne (8. Arr.), Tel. 01 53 67 66 00, M 1, 9: Franklin D. Roosevelt, M 9: Alma-Marceau, www.plaza-athenee-paris.com*

Le Sancerre **[116 C4]**
Die Bar am Montmartre. Beliebter Treff im Retro-Look für den Apéritif oder auch später. Laute Rhythmen. *Tgl., 35, rue des Abbesses (18. Arr.), Tel. 01 42 58 08 20, M 12: Abbesses, www.lesancerre.com*

Le Trésor **[123 F5]**
Kultstatus als Hochburg von Electro- und House-Musik und wegen seiner Toiletten: In den Klokästen schwimmen Fische. Immer volle Terrasse in recht ruhiger Sackgasse. *Tgl., 7, rue du Trésor (4. Arr.), Tel. 01 42 71 35 17, M 1: Saint-Paul*

CLUBS & DISKOS

Les Bains Douches **[123 E4]**
Seit den 1980er-Jahren Treffpunkt der Schönen und Prominenten. Kleine Tanzfläche. Das Restaurant im ersten Stock serviert Thai-Küche. Bar bis 6 Uhr morgens. *Mo bis Sa, 7, rue de Bourg-L'Abbé (3. Arr.), Tel. 01 48 87 01 80, M 4: Etienne-Marcel, www.lesbains-club.com*

Le Balajo **[124 B6]**
Seit jeher der Salsa-Tempel von Paris, mitten im Bastille-Vergnügungszentrum. Wer will, kann vorher einen kleinen Salsa-Tanzkurs machen (Di–Do 20–22 Uhr, 11 Euro). *Di–So, 9, rue de Lappe (11. Arr.), Tel. 01 47 00 07 87, M 1, 5, 8: Bastille, www.balajo.fr*

Insider Tipp

Le Baron **[120 C2]**
Insider Tipp
Der angesagteste Ort des Pariser Nachtlebens derzeit, mehr Bar als Disko. Viel Prominenz, meist brechend voll und strenge Türsteher. *Tgl., 6, avenue Marceau (8. Arr.), Tel. 01 47 20 04 01, M 1, 2, 6/RER A: Charles de Gaulle-Etoile*

Le Batofar **[130 C5]**
★ Schiff vor der Bibliothèque National de France. Einer der beliebtesten Treffpunkte in Paris. Experimentelle Musik, Techno: sehr *branché* eben. Super-Stimmung. Terrasse. Recht günstig. *Di–So, 11, Quai Francois-Mauriac (13. Arr.), Tel. 01 53 60 17 30, M 6: Quai de la Gare, www.batofar.org*

Le Cabaret **[122 C4]**
Insider Tipp
Unvergleichliches Restaurant, Bar und Club in prächtigem Ambiente: eine schlichte Lounge und eine Holzhütte im Stil einer New Yorker Trendy-Bar. Cool und exklusiv, strenge Türsteher. Die Tanzfläche ist beleuchtet wie eine Startbahn. *Mo–Sa, 2, pl. du Palais Royal (1. Arr.), Tel. 01 58 62 56 25, M 1, 7: Palais Royal-Musée du Louvre*

La Casbah **[131 D1]**
★ In der beliebten Disko wird man in ein Ambiente aus Tausendundeiner Nacht versetzt. Manchmal Bauchtanz. Mit Club (23–5 Uhr).

Mo–Sa, 18–20, rue de la Forge-Royale (11. Arr.), Tel. 01 43 72 08 09, M 8: Ledru-Rollin, www.casbah.fr

Les Folies Pigalle **[116 C5]**
Ganz heißer Tanzschuppen. Super DJs. Sehr gemischtes Programm. *Tgl. 24–8 Uhr, 11, pl. Pigalle (9. Arr.), Tel. 01 48 78 55 25, M 2, 12: Pigalle*

Insider Tipp
Guinguette Pirate **[130 C5]**
Chinesische Dschunke, die vor der Nationalbibliothek vor Anker liegt. Konzerte, viel Salsa-Musik; auch Restaurant. *Di–So, vor Nr. 11, Quai François Mauriac (13. Arr.), Tel. 01 53 61 08 49, M 6: Quai de la Gare, www.guinguettepirate.com*

La Locomotive **[116 C5]**
Eine Institution, direkt neben dem Moulin Rouge. Riesendisko auf drei Etagen, jede mit anderer Musik: Techno, Rock, Oldies. Konzerte. *Di–So 23–6 Uhr, 90, bd. Clichy (18. Arr.), Tel. 01 53 41 88 88, M 2: Blanche, www.laloco.com*

Le Queen **[121 D2]**
Seit langem eine Topadresse in Paris. Gays, aber auch Heteros. *Tgl., 102, av. des Champs-Elysées (8. Arr.), Tel. 08 92 70 73 30, M 1: George V, www.queen.fr*

Rex-Club **[123 D2]**
★ Riesendisko unter dem Kinopalast. Bester Technoclub der Stadt, auch House, Disko, Konzerte. *Mi–Sa ab 23 Uhr, 5, bd. Poissonière (2. Arr.), Tel. 01 42 36 83 98, M 8, 9: Bonne Nouvelle, www.rexclub.com*

Le Triptyque **[123 D2]**
Neuer Stern am Himmel der Pariser Tanztempel in alter Druckerei mit Loft-Atmosphäre. Am Wochenende Musik bis zum frühen Morgen. *Tgl., 142, rue Montmartre (2. Arr.), Tel. 01 40 28 05 55, M 3: Bourse, M 3, 8: Grands-Boulevards, www.letriptyque.com*

JAZZ & LIVEMUSIK

Le Baiser Salé **[123 E5]**
Jazzkeller mit großer Bar und Jazzvideos. Relaxte Atmosphäre. Salsa, Blues, Fusion, Funk. *Tgl., 58, rue des Lombards (1. Arr.), Tel. 01 43 14 00 30, M/RER: Châtelet-Les Halles*

Le Bataclan **[124 B4]**
Legendäre Pariser Konzert- und Showbühne mit oft tollen Events. Auch Café. *50, bd. Voltaire (11. Arr.), Tel. 01 43 14 35 35, M 5, 9: Oberkampf, www.le-bataclan.com*

Au Duc des Lombards **[123 E5]**
Gemütlicher Club. Breites Spektrum: von Freejazz bis Hardbop. Mit Restaurant (Di–Sa). *Mo–Sa, 42, rue des Lombards (1. Arr.), Tel. 01 42 33 22 88, M/RER: Châtelet-Les Halles, www.ducdeslombards.com*

Le Limonaire **[123 D2]** Insider Tipp
Ursprüngliches kleines Restaurant mit einfachen Tischen und Terrasse in ruhiger Straße. Nach dem Essen, um 22 Uhr, treten Sänger und Kabarettisten auf. Am ersten Sonntag im Monat ab 18 Uhr traditioneller Tanz *(bal musette). Di–So, 21, rue Bergère (9. Arr.), Tel. 01 45 23 33 33, M 8, 9: Grands-Boulevards*

New Morning **[123 E1]**
★ Der beste und bekannteste Jazzclub der Stadt: Hier treten die international bekanntesten Musiker der

Szene auf. *Tgl. bis zum frühen Morgen, 7–9, rue des Petites-Ecuries (10. Arr.), Tel. 01 45 23 51 41, M 4: Château d'Eau, www.newmorning.com*

Le Petit Journal Montparnasse **[127 F4]**
Einer der wichtigsten Jazzclubs der Stadt. *Tgl., 13, rue du Commandant René Mouchotte (14. Arr.), Tel. 01 43 21 56 70, M 4, 6, 12, 13: Montparnasse-Bienvenüe, www.petitjournal-montparnasse.com*

KABARETT & REVUEN

Le Crazy Horse **[120 C3]**
Erotik mit künstlerischem Anspruch. Ballett und Striptease, mit schönen Effekten. *Shows: April–Juni So–Fr 20.30, Sa 20, 22.15, 0.15 Uhr, Juli/Aug. tgl. 20.30 Uhr, Sept. bis März So–Fr 20.30, Sa 20.30, 21.45, 23 Uhr, ab 49 Euro, 12, av. George V (8. Arr.), Tel. 01 47 23 85 56, M 1: George V, M 9: Alma Marceau, www.lecrazyhorseparis.com*

Les Folies Bergère **[123 D1]**
Junge Choreografen und Dekorateure haben frischen Wind in das Programm des 136 Jahre alten Tempels des »French Cancan« gebracht. *Vorstellung Di–Sa 20 Uhr, So 16 Uhr, ab 29 Euro,32, rue Richer (9. Arr.), Tel. 08 92 68 16 50, M 7: Cadet, M 8, 9: Grands Boulevards, www.foliesbergere.com*

Au Lapin Agile **[117 D3]**
In dem pittoresken Kabarett des Montmartre, das 1860 gegründet wurde, waren schon viele berühmte Dichter und Maler zu Gast. Gute Stimmung – die französische Sprache sollte man beherrschen. *Di–So 21–2 Uhr, 24 Euro (beinhaltet ein Getränk), 22, rue des Saules (18. Arr.), Tel. 01 46 06 85 87, M 12: Lamarck-Coulaincourt, www.au-lapin-agile.com*

Le Lido de Paris **[120 C2]**
Spektakuläre Produktionen, eher amerikanischer Stil. Eine halbe Flasche Champagner ist im Eintrittspreis enthalten. Mit einem Restaurant, dessen Qualität in den letzten Jahren deutlich besser geworden ist. *Shows tgl. 21.30 u. 23.30 Uhr, ab 70 Euro, mit Essen (19 Uhr) ab 120 Euro, 116, av. des Champs-Elysées (8. Arr.), Tel. 01 40 76 56 10, M 1: George V, www.lido.fr*

Le Moulin Rouge **[116 B4]**
Aufwändige Revuen in dem von Henri de Toulouse-Lautrec unsterblich gemachten Geburtsort des Cancan am Fuß des Montmartre. *Shows tgl. 21 u. 23 Uhr, ab 87 Euro, mit Essen (19 Uhr) ab 140 Euro, 82, bd. de Clichy (18. Arr.), Tel. 01 53 09 82 82, M 2: Blanche, www.moulinrouge.com*

KINOS

Kino ist geradezu eine Leidenschaft der Pariser, die an Freitagen und Samstagen Schlange stehen, um die neuesten Filme zu sehen. Die Stadt verfügt über mehr als 300 Lichtspielhäuser. Neben riesigen Palästen sind darunter auch viele Programmkinos. Ausländische Filme sind in aller Regel in der Originalversion mit französischen Untertiteln zu sehen: *v. o. (version originale)*. Französisch synchronisierte Filme sind durch *v. f. (version française)* gekennzeichnet. Die Hauptvorstellungen beginnen zwischen

19.30 und 20.30 Uhr. Die Eintrittspreise liegen meist zwischen 8 und 10 Euro. Montags gibt es in vielen Kinos Ermäßigungen.

Cinématèque Française **[131 D4]**
Der futuristische Bau des Architekten Frank O. Gehry beherbergt die Cinématèque mit ihren mehr als 40 000 Filmen und umfangreichen Sammlungen zum Thema Film. Mehrere Kinosäle mit interessanten, oft raren Filmvorführungen. *Di geschl., 51, Rue de Bercy (12. Arr.), Tel. 01 71 19 33 33, M 6, 14: Bercy*

La Géode **[119 E2]**
In der Silberkugel mit Platz für 400 Besucher gibt es eine gebogene, 1000 m² große 3-D-Leinwand: ein tolles Kinoerlebnis. *Cité des Sciences et de l'Industrie, 30, av. Corentin-Cariou (19. Arr.), Tel. 08 92 68 45 40, M 7: Porte de la Villette, www.lageode.fr*

Insider Tipp
Mk2 **[130 C5]**
Ultramoderner, lang gezogener und blendend weißer Multiplexpalast mit 14 Sälen in der futuristischen Umgebung der »Très Grande Bibliothèque«. *128/162, av. de France (13. Arr.), Tel. 01 56 61 44 00, M 14/RER C: Bibliothèque François Mitterrand, www.mk2.com*

La Pagode **[121 F6]** Insider Tipp
Wunderschöne Pagode im chinesisch-japanischen Stil vom Ende des 19. Jhs. Fassade mit Fliesen, im Saal japanische Dekoration. Im Sommer im Garten »Salon de Thé« unter Bambusstauden und neben Bronzelöwen. *57 bis, rue de Babylone (7. Arr.), Tel. 01 45 55 48 48, M 13: Saint-Francois Xavier*

KONZERTE

Eine Vielzahl von Bühnen bietet Musik aller Art: Von absoluten Spitzenkünstlern bis hin zu Amateuren finden in Paris alle ein Forum. Die Stadt ist auch ein ganz wichtiges Zentrum der Ethnomusik aus aller Welt. Vor allem im Sommer sind viele Veranstaltungen gratis, und speziell im Juli und August geben

La Géode: Unter der spiegelnden Kuppel werden Dokumentarfilme gezeigt

viele Gruppen aus allen Musikrichtungen Konzerte in den Parks der Stadt.

La Cigale **[116 C5]**
Hier tritt schon mal Herbert Grönemeyer auf. Show- und Musikhalle. *120, bd. Rochechouart (20. Arr.), Tel. 01 49 25 81 75, M 2, 12: Pigalle, www.lacigale.fr*

Olympia **[122 B2]**
Legendärer Konzertsaal: Das Spektrum reicht von französischen Showgrößen bis hin zu den Rolling Stones. *28, bd. des Capucines (9. Arr.), Tel. 08 92 68 33 68, M 3, 7, 8: Opéra, RER A: Auber, www.olympiahall.com*

Théâtre des Champs-Elysées **[121 D3]**
Konzerte klassischer Musik und Opern in wunderschönem Ambiente. *15, av. Montaigne (8. Arr.), Tel. 01 49 52 50 50, M 9: Alma-Marceau, www.theatrechampselysees.fr*

Théâtre du Châtelet **[123 D5]**
Sitz der städtischen Oper. Einer der schönsten Räume von Paris, in dem oft auch klassische Konzerte veranstaltet werden. *1, pl. du Châtelet (4. Arr.), Tel. 01 40 28 28 00, M/RER: Châtelet-Les Halles, www.chatelet-theatre.com*

Le Zénith **[119 E2]**
Riesiger Konzertsaal im Parc de la Villette: Platz für Rock- und Popkonzerte. *211, av. Jean-Jaurès (19. Arr.), Tel. 01 42 08 60 00, M 5: Porte de Pantin, www.le-zenith.com*

OPER & BALLETT

Opéra Bastille **[130 B1]**
Der spektakuläre Bau aus der Mitterrand-Ära ist die Heimat von Oper und modernem Ballett. *120, rue de*

Bis zum frühen Morgen

Wohin man geht, wenn alles dicht hat

Für eine Metropole wie Paris gibt es relativ wenige Lokale, in denen man am frühen Morgen noch ein Gläschen Wein oder einen Kaffee trinken bzw. eine Kleinigkeit essen kann. Zu den Klassikern gehören: *Le Grand Café*, eine große Brasserie, die bei Nachtschwärmern sehr beliebt ist. Rund um die Uhr. *4, bd. des Capucines (9. Arr.), M 3, 7, 8: Opéra, RER A: Auber* **[122 B2]**. *Au Pied de Cochon*, durchgehend. *6, rue Coquillère (1. Arr.), M/RER: Châtelet-Les Halles* **[123 D4]**. *Chez Denise*, traditionelle Küche, Montag bis Freitag rund um die Uhr. *5, rue des Prouvaires (1. Arr.), M 1: Louvre-Rivoli* **[123 D4]**. *La Maison de l'Aubrac*, durchgehend. *37, rue Marbeuf (8. Arr.), M 1, 9: Franklin D. Roosevelt* **[121 D2]**. *La Mercerie*, im Ausgehviertel der Rue Oberkampf, durchgehend. *98, rue Oberkampf (11. Arr.), M 3: Parmentier* **[124 C3]**. *Le Dépanneur*, rund um die Uhr. *27, rue Fontaine (9. Arr.), M 2, 12: Pigalle, M 2: Blanche* **[116 C5]**.

Die Opéra Garnier war bei ihrem Bau 1875 das größte Opernhaus der Welt

Lyon (12. Arr.), Tel. 01 40 01 17 89, M 1, 5, 8: Bastille, www.operadeparis.fr

Opéra Garnier **[122 B2]**
In dem repräsentativen Prachtbau aus dem 19. Jh. sind heute hauptsächlich Ballettaufführungen zu sehen. Deckengemälde von Marc Chagall. *Pl. de l'Opéra (9. Arr.), Tel. 08 92 89 90 90, M 3, 7, 8: Opéra, RER A: Auber, www.operadeparis.fr*

THEATER

Spektakuläre Theaterinszenierungen sind im Vergleich zu Deutschland eher selten. Für Paris-Besucher mit guten Französischkenntnissen gibt es aber einige Highlights:

Les Bouffes du Nord **[117 F5]**
★ Avantgardistisches Experimentiertheater unter der Leitung von Peter Brooks. Mit wunderbarer Kuppel. *37 bis, bd. de la Chapelle (10. Arr.), Tel. 01 46 07 34 50, M 2: La Chapelle, www.bouffesdunord.com*

Comédie Française **[122 C4]**
Klassisches Theater, das aus der Schauspieltruppe Molières entstanden ist. *1, pl. Colette (1. Arr.), Tel. 08 25 10 16 80, M 1, 7: Palais Royal-Musée du Louvre, www.comedie-francaise.fr*

L'Odéon **[128 C1]**
Modernes Drama. Zweigstelle der Comédie Française. *Pl. de l'Odéon (6. Arr.), Tel. 08 25 10 16 80, M 4, 10: Odéon, www.theatre-odeon.fr*

Théâtre de la Ville **[123 D5]**
Wichtigste Bühne für modernen Tanz. Daneben Schauspiel und Musikaufführungen, viel Ethnomusik. *2, pl. du Châtelet (4. Arr.), Tel. 01 42 74 22 77, M/RER: Châtelet-Les Halles, www.theatredelaville-paris.com*

Paris à pied – Paris zu Fuß erobern

Die Spaziergänge sind in der Karte auf dem hinteren Umschlag und im Cityatlas ab Seite 112 grün markiert

1 IM GEISTIGEN ZENTRUM VON PARIS

Anfang des 20. Jhs. entstand links der Seine, »rive gauche«, in Saint-Germain-des-Prés – in Nachbarschaft der Universität Sorbonne – ein neues intellektuelles Zentrum. In den berühmten Cafés Le Flore und Les Deux Magots trafen sich Schriftsteller und Philosophen. Intellektuell entspannter ist es um den Hügel Saint-Geneviève. Rechnen Sie mit drei bis vier Stunden (Badesachen mitnehmen).

Die Terrasse des *Les Deux Magots (S. 51)* ist eine Art Loge: Entspannt zurückgelehnt beobachten die Gäste die Flaneure. Gegenüber die *Kirche Saint-Germain-des-Prés (S. 26)*, eine der ältesten von Paris. Die *Rue Bonaparte* hinunter, aber auch in den anderen Straßen des Viertels finden sich viele Galerien, Antiquitätenhändler, edle Stoffgeschäfte, Cafés und Restaurants. Folgen Sie der *Rue de l'Abbaye* hinter der Kirche bis zum romantischen, baumbestandenen *Place de Furstemberg*, an dem sich das Atelier des Malers Eugène Delacroix befand (S. 43). Dann rechts in die *Rue Jacob*, die in die lebendige *Rue de Seine* mündet. Dort können Sie auf der immer gut besuchten Terrasse des *La Palette (S. 53)* eine Pause einlegen. Weiter geht es durch die *Rue Jaques Callot*, dann rechts die *Rue Mazarine* (später Rue de l'Ancienne Comédie) hinauf, über den Boulevard Saint-Germain in die *Rue de l'Odéon*. Am neoklassizistischen Théatre de l'Odéon vorbei gelangen Sie dann zum *Jardin du Luxembourg (S. 27)*, einem der beliebtesten Parks von Paris. Im Angesicht des dem florentinischen Palazzo Pitti nachempfundenen Palais du Luxembourg bietet sich eine Rast am Wasserbassin oder an der schattigen *Fontaine de Médicis* an.

Das Panthéon überragt den spätsommerlichen Jardin du Luxembourg

Gegenüber vom Haupteingang, am belebten *Boulevard Saint-Michel* mit seinen Straßencafés, führt die *Rue Soufflot* zum kuppelförmigen *Panthéon (S. 23)* hinauf, dem Ruhmestempel vieler großer Franzosen. Die engen Gassen, die sich die Montagne Saint-Geneviève hinaufschlängeln, gehören zur ältesten Besiedlungszone von Paris. Die *Rue Malebranche*, die im Graben einer

Stadtmauer aus dem Mittelalter angelegte *Rue des Fossés Saint-Jacques* und der *Place de l'Estrapade* mit seinen Bäumen, Bänken und einem Brunnen strahlen die Beschaulichkeit einer Provinzstadt aus. Mit der nahe gelegenen Universität Sorbonne, dem Collège de France und vielen Eliteschulen des Landes liegt hier gleichwohl ein wichtiges Zentrum des geistigen Lebens der Stadt. Gehen Sie durch die *Rue Laromiguière*, die *Rue Amyot* und die *Rue Tournefort* hinunter in die *Rue Lohmond* und dort links in die enge *Passage des Postes*: Hier wird es nun deutlich belebter. Die immer lebendige und sehr alte *Rue Mouffetard (S. 36)* ist im unteren Teil ein farbenprächtiger Markt mit vielen schönen Lebensmittelläden. Weiter oben wird die »Mouff« zunehmend touristischer. Ganz am Ende ist der *Place de la Contrescarpe* mit seinen Cafés ein beliebter Treffpunkt. In der hübschen *Rue du Cardinal Lemoine* wohnte Anfang der 1920er-Jahre Ernest Hemingway (gleich zu Beginn, Nr. 74).

Von der Rue du Cardinal Lemoine zweigt die *Rue Rollin* mit ihren windschiefen alten Häusern ab. Eine Treppe hinunter und über die Rue Monge folgen links die *Arènes de Lutèce*, ein römisches Amphitheater, das erst im 19. Jh. freigelegt wurde und heute Jugendlichen als Spielplatz dient. Gehen Sie nun rechts in die *Rue Linné* (später Rue Geoffroy Saint-Hilaire), und zum Abschluss haben Sie mehrere Möglichkeiten: das sehr sehenswerte *Muséum National de Histoire Naturelle (S. 47)* mit seiner spektakulären Galerie, ein Besuch des *Jardin des Plantes (S. 28)* mit seinen Gartenanlagen und Gewächshäusern oder die *Mosquée de Paris:* Dort bieten der Hammam, das arabische Dampfbad, oder der Teesalon wunderbare Entspannung (S. 33).

2 AUF DEN SPUREN DER KÜNSTLER DES MONTMARTRE

Der von der weiß leuchtenden Kirche Sacré-Cœur gekrönte Hügel von Montmartre zieht die Blicke von vielen Stellen der Stadt auf sich. Einst lebten und arbeiteten hier viele Künstler. Heute können sich mittellose Maler die teuren Mieten dieses Viertels nicht mehr leisten. Dass sich Montmartre dennoch vielfach einen beinahe dörflichen Charakter bewahrt hat, zeigt dieser zwei- bis dreistündige Rundweg.

Um die Métrostation Blanche herum blüht das Sexgewerbe: Mittendrin das *Moulin Rouge (S. 82)*, das mit seinen Tanzaufführungen zu einem der beliebtesten Touristentreffpunkte zählt. Die sich den Berg hinaufziehende *Rue Lépic* mit ihren traditionellen Lebensmittelgeschäften hat sich dagegen ihren volkstümlichen Charakter bewahrt; in dieser Straße entstand der Film um das Mädchen Amélie. In der *Rue des Abbesses* mit ihren Geschäften und Cafés ist Tag und Nacht viel los; im Szenelokal *Sancerre (S. 80)* mischen sich viele junge Touristen unter die Einheimischen. Wer es ruhiger mag, kann in die kleine *Rue Burq* ausweichen.

Nun biegen Sie links in die *Rue Durantin* ab und können in der den Berg hinaufführenden *Rue Thalazé* noch dörfliche Atmosphäre schnuppern. An ihrem oberen Ende stehen

Die rote Leuchtreklame unterstreicht nochmal den Namen: Moulin Rouge

zwei alte Mühlen. In der einen, die im 19. Jh. in einen Tanzsaal umgewandelt wurde, malte unter anderem Auguste Renoir. Links um die Ecke, in der schattigen *Rue Junot,* stehen viele hübsche kleine Häuser; in der Nummer 15 lebte der Schriftsteller Tristan Tzara. Durch die *Rue Dereure* und über eine kleine Treppe am *Place Casadesus* geht es an Gärten und dem Château des Brouillards vorbei zum *Place Dalida* mit einer Statue der ägyptisch-italienischen Sängerin, die in dieser Gegend wohnte. Die *Rue de l'Abreuvoir* schlängelt sich malerisch den Berg hinunter, mit kleinen, windschiefen Häusern. Mittendrin ein kleiner Weinberg: Die Weinlese ist alljährlich im Oktober Anlass für ein Fest (s. S. 17). Im *Maison Rose* an der Ecke (Nr. 2) wohnte der Maler Maurice Utrillo. Ein paar Meter weiter unten das berühmte Kabarett *Au Lapin Agile (S. 82),* das dem Chansonsänger Aristide Bruant gehörte und dessen Wirt viele damals noch arme und unbekannte Künstler unterstützte. Weiter oben – in einem Haus aus dem 17. Jh. – wird im *Musée du Montmartre (12, rue Cortot)* die Geschichte der Künstler des Montmartre erzählt. Insider Tipp

Durch die *Rue Saint-Vincent* nähern Sie sich dann von hinten der blendend weißen, in einem Zuckerbäckerstil gebauten Basilika *Sacré-Cœur (S. 25).* Genießen Sie von der Treppe auf der Vorderseite den Blick auf Paris. Die engen Gassen um die Kirche herum mit ihren Souvenirläden sowie vor allem der *Place du Tertre* sind immer voller Touristen. Manch aufdringlicher Maler wird von Ihnen ein Porträt anfertigen wollen.

Durch die *Rue Norvin* geht es dann hinunter in die *Rue Gabrielle* (in Nr. 49 hatte Pablo Picasso sein erstes Atelier). Durch die *Rue Ra-*

vignan erreichen Sie den baumbestandenen *Place Emile Goudeau:* In einem damals heruntergekommenen Atelier des *Bateau-Lavoir* genannten Hauses entstand Picassos berühmtes kubistisches Bild »Les Demoiselles d'Avignon«. Unterhalb laden mehrere hübsche Lokale, vor allem *Le Soleil Gourmand (S. 59),* zum Essen ein. Von der *Rue des Trois Frères* zweigt die enge *Passage des Abbesses* ab, nach der sich der *Place des Abbesses* mit seinem schönen Jugendstil-Métroeingang und netten Cafés öffnet. Wer noch nicht zu müde ist, kann die *Rue des Abbesses* entlang bis zum schattigen *Friedhof von Montmartre (S. 37)* laufen, auf dem berühmte Schriftsteller und Maler ihre letzte Ruhestätte gefunden haben.

3 DIE SEINE-INSELN UND DAS MARAIS

Dass Frankreichs Metropole keine sterile Museumsstadt ist, wird bei diesem drei- bis vierstündigen Spaziergang in den belebten Straßen und Gassen des Quartier Latin und des Marais deutlich. Nirgendwo befinden sich so viele Bars, Cafés und Restaurants wie im Marais, das bis in die 1960er-Jahre dem Verfall preisgegeben war und dessen beeindruckende Adelspaläste heute zumeist Museen beherbergen.

In der kleinen Parkanlage im Schatten der römischen Thermen um das *Musée du Cluny (S. 43)* lässt es sich an sonnigen Tagen ganz trefflich ausspannen. Auf der anderen Seite des verkehrsreichen Boulevard Saint-Germain beginnt ein mittelalterliches Straßengewirr um die im gotischen Flamboyant-Stil gebaute Kirche *Saint-Séverin:* Hübsche kleine Cafés laden zum Verweilen ein, aber es gibt auch viele Restaurants, die um die Touristen werben. Durch die *Rue Saint-Séverin* sind es nur wenige Schritte zur kleinen, gedrungenen *Saint-Julien-le-Pauvre,* der ältesten Kirche der Stadt aus der Mitte des 12. Jhs. Vom direkt angrenzenden Park, dem *Square Viviani,* genießen Sie in aller Ruhe einen der schönsten Blicke auf die Kathedrale *Notre-Dame (S. 25),* die gegenüber auf der Ile de la Cité steht.

Richtung Notre-Dame beginnt der Touristenrummel. Dennoch: Der Blick auf die vorbeifahrenden Schiffe auf der Seine, die an den Kais sich räkelnden Sonnenhungrigen und die Bouquinisten (S. 62) mit ihren alten Büchern ist ein Vergnügen. Ein schöner Weg führt an Notre-Dame entlang durch eine Grünanlage. Auf der anderen Seite der Kathedrale ist noch ein kleiner Teil des Gassengewirrs erhalten, das im 19. Jh. größtenteils dem Stadtplaner Baron Haussmann zum Opfer fiel. Die *Ile de la Cité (S. 33)* ist der älteste Teil der Stadt Paris. Auf der Brücke zur *Ile Saint-Louis* hinüber jammen am Wochenende Musiker, und Akrobaten zeigen ihre Kunststücke. Die erst im 17. Jh. bebaute Insel ist heute eine der teuersten Adressen der Stadt. Die *Rue Saint-Louis-en-Ile* mit ihren schönen kleinen Geschäften lädt zum Bummeln ein: Bei *Berthillon (S. 62)* gibt es das beste Eis der Stadt.

Die Brücke *Pont Marie* führt direkt ins Marais. Gleich rechts, am Beginn der *Rue des Nonnains d'Hyères,* fällt das festungsartige, spätgotische *Hôtel de Sens* auf. Ei-

Meisterhafte mittelalterliche Steinmetzkunst blickt auf Paris: Notre-Dame

nige der kleinen Straßen haben den Charakter jener Zeit bewahrt, so zum Beispiel die *Rue François Miron* mit zwei Fachwerkhäusern und dem *Hôtel du Beauvais* (Nr. 68), in dem einst Wolfgang Amadeus Mozart residierte. Sie gehen nun durch die *Rue Charlemagne,* vorbei an den Resten eines Turms und Teilen der Stadtmauer aus dem 13. Jh. Im Innenhoflabyrinth des *Village Saint-Paul (S. 62)* mit seinen 60 Antiquitätenhändlern können Sie zwischen alten Möbeln, Gemälden, Fotos, Geschirr und Lampen stöbern.

Weiter geht es links die *Rue Saint-Paul* hinauf bis zur gedrungenen *Passage Saint-Paul,* die durch einen Seiteneingang in die dreigeschossige Barockkirche *Saint-Paul* mit ihrer großen Kuppel führt. Am Haupteingang flutet der Verkehr der Rue Saint-Antoine vorbei. Alt-Pariser Ambiente in der Nr. 24 im Weinlokal *La Tartine (S. 59).* Ein Stück weiter Richtung Bastille biegen Sie links in die *Rue Caron* und kommen so zum romantischen *Place du Marché Sainte-Cathérine (S. 31)* mit seinen Platanen und Cafés. Durch die *Rue Turenne* und dann rechts die immer belebte *Rue des Francs-Bourgeois,* in der es neben schönen Adelspalästen schicke Boutiquen gibt, gelangen Sie zum noblen *Place des Vosges (S. 31),* einem der schönsten Plätze der Stadt.

In diesem Viertel leben viele Juden. Die Orthodoxen unter ihnen gehen am Freitagabend in ihrer traditionellen Kleidung zur nahen Synagoge. Am Ende der hübschen *Rue Payenne* der Park *Square Léopold Achille.* Links, in der *Rue Thorigny,* das *Musée Picasso (S. 46),* dessen Besuch ein Muss ist. Entspannen Sie danach direkt daneben in den gemütlichen Ledersesseln des Cafés *L'Apparemment (S. 77)* in der *Rue des Coutures Saint-Gervais.*

Bonne route! Ausflüge ins Umland

Besuchen Sie Versailles, die alte Königsstadt Saint-Germain-en-Laye, die Seerosen von Claude Monet und das Wasserschloss von Chantilly

VERSAILLES: DER GLANZ DES SONNENKÖNIGS

[134 B4] ★ Ein Besuch des gigantischen Schlosses Ludwigs XIV. ist ein absolutes Muss bei einem Paris-Aufenthalt. In einer knappen halben Stunde ist es von Paris am einfachsten zu erreichen mit der S-Bahn RER C (Versailles-Rive Gauche). Vom Bahnhof sind es dann nur wenige Schritte. Vom Gare Saint-Lazare fahren ca. alle 15 Minuten Züge nach Versailles-Rive Droite (dort Bus Phébus) und vom Gare Montparnasse (Großrichtung Chartres) geht es nach Versailles-Chantier (dort Phébus). Die Buslinie 171 fährt von der Métrostation Pont de Sévres (M 9) zum Schloss. Für einen Versailles-Besuch sollten Sie mindestens einen vollen Tag einplanen, bequeme Schuhe anziehen und auf Proviant nicht verzichten.

Kaum irgendwo anders ist ein Herrschaftsgedanke so konsequent und beeindruckend und dennoch so geschmackvoll und harmonisch wie in Versailles umgesetzt worden. Hier wurde die absolutistische und zentralistische Staatsidee Wirklichkeit, die im »Sonnenkönig« Ludwig XIV. (1638–1715) personifiziert ist. Es war das persönliche Lebenswerk des Königs, aus dem einstigen Jagdschloss in einem sandigen und sumpfigen Gebiet das Zentrum Europas zu machen. 36 000 Arbeiter und 6000 Pferde arbeiteten an dem Projekt, dessen Realisierung rund 50 Jahre dauerte. Hügel wurden abgetragen und anderswo aufgeschüttet, ein damals 60 km^2 großer Park mit Wasserflächen, Labyrinthen, 300 Vasen und Skulpturen, Blumenbeeten und Brunnen sowie Gartenschlösschen angelegt, und das riesige Schloss mit zahlreichen Flügeln, Anbauten und Nebengebäuden entstand. Mit den Architekten Louis Le Vau und später Jules Hardouin-Mansart sowie dem Gartenarchitekten André Le Nôtre hatten die führenden Gestalter jener Zeit die Aufsicht über das Projekt. Auf Geheiß des Königs lebte hier quasi der gesamte Adel des Landes. Ein Hofstaat von bis zu 20 000 Menschen musste versorgt und durch gigantische Feste bei Laune

Versailles: Blick vom Schloss auf Bassin de Latone und Grand Canal

Park- und Gartenanlage von Versailles betonen den Glanz des Schlosses

gehalten werden. Heute vermitteln die wunderschönen musikalischen Wasserspiele *(Grandes Eaux Musicales)* tagsüber an Sommerwochenenden und Abendveranstaltungen mit Feuerwerk, Theateraufführungen und klassischer Musik im Park einen kleinen Eindruck von dem Pomp und dem Glanz dieser Zeit. *Reservierung (für die Abendveranstaltungen) bei Fnac unter Tel. 08 92 70 18 92, Infos unter www.versailles-spectacles.com*

Absolutes Pflichtprogramm bei der Schlossbesichtigung sind die *königliche Kapelle,* die *Oper* und die *Prunkgemächer* in der ersten Etage, deren Wände mit Marmor und Goldbrokat verziert sind. Dazu gehört auch der berühmte, 73 m lange *Spiegelsaal,* dessen 17 Fenster Licht auf die jeweils gegenüberliegenden Spiegel werfen. In diesem Saal wurde 1871 das deutsche Kaiserreich proklamiert und 1919 der Friedensvertrag von Versailles unterzeichnet. Ein Besuch empfiehlt sich wegen der oft langen Warteschlangen entweder gleich am Morgen oder am späteren Nachmittag, was den zusätzlichen Vorteil hat, dass ab 15.30 Uhr der Eintrittspreis reduziert ist.

Höhepunkt im heute nur noch 1 km² großen Park sind neben den Wasserbecken, auf denen Sie Bootsfahrten unternehmen können, die beiden Schlösschen *Grand* und *Petit Trianon.* Sie liegen im nördlichen Teil der Anlage und entstanden auf Wunsch der Königsmaitressen Madame de Maintenon und Madame de Pompadour. Sehr hübsch ist der sich an das Petit Trianon anschließende englische Gartenteil mit Liebestempel, Grotten und *Le Hameau,* der Nachbildung eines Bauerndorfs mit Teich.

Eine Alternative zur Parkbesichtigung zu Fuß ist das Ausleihen von Fahrrädern (Stunde ab 4,40 Euro, halber Tag 10,50 Euro, ganzer Tag 12 Euro) an den Eingängen *Grille de la Reine, Porte Saint Antoine* und in *La Petite Venise* oder die Fahrt mit der kleinen Touristenbahn. Inside Tipp

Schlossbesichtigung: Di–So 9 bis 18 Uhr (Okt.–April 9–17 Uhr), je nach Umfang 8–20 Euro. Wer die oft sehr langen Warteschlangen vermeiden will, kann die Tickets vorher an jedem Bahnhof kaufen bei *Fnac, Tel. 08 92 68 46 94, www.fnac.com.* Seit Ende 2003 wird Versailles Stück für Stück renoviert. Die Arbeiten sollen 15 bis 20 Jahre dauern und den Besucherbetrieb nicht wesentlich beeinträchtigen; Gerüste vor der Fassade und Baumaßnahmen in der Spiegelgalerie schränken dennoch den Genuss einer besichtigung ein. *Park: tgl. 8 Uhr bis Sonnenuntergang, im Sommer ab 7 Uhr, 3 Euro (April bis Okt.), sonst gratis. Große Wasserspiele: Mai–Okt. Sa/So 11–12 u. 15.30–17 Uhr, 6 Euro. Grand et Petit Trianon: tgl. 12–17, im Sommer bis 18 Uhr, 5 Euro, www.chateauversailles.fr*

GIVERNY: ZU BESUCH AN MONETS SEEROSENTEICH

[O] Knapp 70 km nordwestlich von Paris liegt das malerische Dorf Giverny, das Weltruhm besitzt. Der Impressionist Claude Monet malte am Teich des üppigen Gartens seines dortigen Anwesens die berühmten Seerosenbilder »Les Nymphéas«. Kunstfreunde aus der ganzen Welt besichtigen heutzutage das Wohnhaus und den herrlichen Garten. Über die Autobahn A 13 (Richtung Rouen, Ausfahrt Bonnières, dann Vernon/Giverny) ist Giverny gut zu erreichen. Vom Bahnhof Saint-Lazare verkehren außerdem Züge bis Vernon, danach geht's weiter mit dem Bus TVS 151, zu Fuß, per Taxi oder mit dem Mietfahrrad: Fahrtzeit insgesamt etwa eine Stunde; auf Direktverbindung ohne Umsteigen achten!

Die Originale der meisten Werke des berühmten Impressionisten können Sie im Musée Marmottan (S. 45), im Musée d'Orsay (S. 46) oder im Musée de l'Orangerie (S. 45) bewundern. Inspirieren ließ sich der Ruhe suchende Maler, der hier von 1883 bis zu seinem Tod 1926 lebte, von seinem sanft zum Fluss abfallenden Garten, der aus einem üppigen Bauerngarten und – jenseits eines Tunnels – einem japanisch anmutenden Teil mit dem in vielen Variationen dargestellten Seerosenteich besteht. Im Inneren des stattlichen, rosafarbenen und in altfranzösischem Stil gehaltenen Wohnhauses finden sich nur Reproduktionen einiger seiner Werke sowie Fotos und japanische Holzschnitte. Sehr sehenswert ist die ganz in Weiß-Blau gehaltene Küche mit ihren schönen alten Fliesen.

Bereits Ende des 19. Jhs. wurde Giverny auch eine Künstlerkolonie, die viele Maler anzog. Zeugnis davon legt das *Musée d'Art Americain* ab, in dem Bilder von etwa 40 amerikanischen Malern zu sehen sind. Einige hundert Meter weiter, im damaligen *Hôtel Baudy,* stiegen viele der Künstler ab. Es ist heute ein hübsches kleines Restaurant, das seinen Charme bewahrt hat. Besonders lohnenswert ist ein Besuch des verwilderten Gartens hinter dem Lokal mit seinen Rosenbüschen und dem alten Atelier: Fast hat es den Anschein, als hätten die Maler es nur kurz verlassen, um gleich wiederzukommen (Besichtigung des Gartens und eines kleinen Museums für Restaurantgäste frei).

Insider Tipp

Inmitten dieser Blütenfülle malte Monet seine unvergleichlichen Bilder

La Fondation Claude Monet: April bis Okt. Di–So 9.30–18 Uhr, 5,50 Euro, www.fondation-monet.com. Musée d'Art Americain: April bis Nov. Di–So 10–18 Uhr, 5,50 Euro, www.maag.org. Restaurant Musée Baudy, April–Okt. Di–So (So nur mittags), Tel. 02 32 21 10 03, **€€**

GARTEN MIT AUSSICHT: SAINT-GERMAIN-EN-LAYE

[134 A3] Bereits im 19. Jh. waren Ausflüge in die alte Königsstadt Saint-Germain-en-Laye bei den Parisern ungemein populär: Das lag nicht nur an der bequemen Verbindung über die 1837 gebaute erste Eisenbahnverbindung des Landes. Saint-Germain hat sich bis heute das Flair einer sympathischen Provinzstadt bewahrt. In den Straßen und verkehrsberuhigten Gassen des alten Städtchens mit den schönen Adelspalästen können Sie herrlich flanieren und in den verschiedensten Geschäften einkaufen. Das Königsschloss mit seinem wunderschönen Park und der langen Aussichtsterrasse sowie der große Wald machen einen Aufenthalt unvergesslich. Mit der RER A ist Saint-Germain-en-Laye ab Charles de Gaulle-Etoile in 25 Minuten erreichbar.

Wer gern einkauft, kann in diesem Örtchen selbst am Sonntagvormittag zwischen Boutiquen, Antiquitäten-, Deko- und Einrichtungsläden bummeln oder in den Lebensmittelgeschäften und auf dem reichhaltigen, bunten Markt Proviant für das mittägliche Picknick im Park einkaufen.

In der 40 000-Einwohner-Stadt residierte bis Ende des 17. Jhs. das französische Königshaus. Um das festungsartige, fünfeckige *Schloss* haben die Architekten von Versailles einen wunderschönen *Park* angelegt. Ein besonderes Erlebnis ist ein Spaziergang entlang der über 2 km langen und hoch über der Seine errichteten *Terrasse:* Es öffnet sich ein einzigartiger Blick über den Fluss, die westlichen Vororte von Paris und die Wolkenkratzer von La Défense. Das *Tourismusbüro* befindet sich im Geburtshaus des Komponisten Claude Debussy. Insider Tipp Besuchen sollten Sie das *Atelier des Symbolisten Maurice Denis,* in dem auch Werke von Paul Gauguin und Pierre Bonnard ausgestellt sind. *Office de Tourisme de Saint-Germain-en-Laye, 38, rue Au-Pain, www.saint-germain-en-laye.fr*

CHANTILLY: KUNST, PFERDE UND NATUR

[O] Nur etwa 45 km nördlich von Paris, umgeben von einem riesigen Waldgebiet, lädt Chantilly, eins der schönsten und besterhaltenen französischen Schlösser, zu einer Landpartie ein. Neben dem Bauwerk selbst und seinen umfangreichen Sammlungen verschafft auch ein Besuch des Schlossparks vielfältige Eindrücke. Pferdeliebhaber kommen in den riesigen Stallungen Grandes Ecuries auf ihre Kosten. Über die Autobahn A 1 Richtung Lille (Ausfahrt Survilliers, dann die D 942A) oder in knapp 30 Minuten mit dem Zug von Paris-Nord bis Chantilly-Gouvieux (dann Taxi oder Bus Cariane Richtung Senlis) sind die Anlagen relativ gut zu erreichen.

Das *Schloss* aus dem 16. Jh., das auch einen neueren Teil hat, gehörte einst den berühmten Adelsfamilien Condé und Montmorency. Es besitzt eine *Bibliothek* mit einzigartigen Werken und eine der reichhaltigsten *Gemäldesammlungen* Frankreichs; in ihr hängen Meisterwerke der Malerei des 16.–19. Jhs., unter anderem »Die drei Grazien« von Raffael sowie Bilder von Fra Angelico, Anthonis van Dyck und Dominique Ingres. Der ausgedehnte und abwechslungsreiche, von André Le Nôtre angelegte *Park* mit seinen Wasserläufen, Wäldchen, Liebesinseln, Brunnen und einem kleinen Weiler lädt zum Picknick, zu einer Bootspartie oder zur Rast in einem kleinen Gasthaus ein.

In der Nähe des Schlosses liegen in einem herrlichen Gebäude aus dem 17. Jh. die zu den schönsten Stallungen weltweit gehörenden *Grandes Ecuries* mit ihrem umfangreichen Museum. In über 30 Sälen wird alles zum Thema Pferd gezeigt. Im Sommer finden dreimal am Tag Dressurvorführungen statt.

Sehr zu empfehlen sind auch Wanderungen in den 80 km² großen Wäldern der Umgebung. Wer mit dem Auto kommt, sollte auch die nur 10 km entfernt liegende und über die D 924 zu erreichende, uralte Stadt *Senlis* mit ihren mittelalterlichen Gassen und der schönen Kathedrale Notre Dame besuchen. *Office du Tourisme de Chantilly; 60, av. du Maréchal Joffre (neben dem Bahnhof), www.chantilly-tourisme.com. Park und Museum: März–Okt. Mi–Mo 10–18 Uhr (im Winter 10.30–12.45 u. 14–17 Uhr), 8 Euro, www.chateaudechantilly.com. Grandes Ecuries: April–Okt. Mi–Mo 10.30–18.30 Uhr (im Winter 14–18 Uhr), Vorführungen 11.30, 15, 17.15 Uhr, 8,50 Euro, www.museevivantducheval.fr.*

Angesagt!

Events, Meetings und Aktionen, die Sie kennen und nicht verpassen sollten

Tables insolites – ungewöhnliche Restaurants

Speisen in außergewöhnlichem Ambiente steht neuerdings hoch im Kurs. Gesundheitsdrinks und Essen in einer früheren Apotheke *(La Pharmacie, 22, rue Jean-Pierre Timbaud, Tel. 01 43 38 04 99)*, in einem Waggon des Orient-Express von 1925 *(Wagon Bleu, 7, rue Boursault, Tel. 01 45 22 35 25)*, gleich direkt in der Küche *(L'Atelier des Chefs, 10, rue de Penthièvre, Tel. 01 53 30 05 82)* oder mal ganz ohne Licht *(Dans le noir, 51, rue Quincampoix, Tel. 01 42 77 98 04)*. Im Gewölbe der berühmten *Kirche Madeleine* bekommen sie Mo–Fr 11.45–14 Uhr ein relativ günstiges Menü, und im *Kaufhaus BHV (52, Rue de Rivoli)* können Sie in einer Werkstatt aus den 1930er-Jahren einen Imbiss einnehmen.

Butte-aux-Cailles

Der Hügel *Butte-aux-Cailles* in der Nähe des Chinesenviertels am *Place d'Italie* wurde lange Zeit als einfaches Arbeiterviertel links liegen gelassen. Neuerdings aber schießen die Lokale in den dörflich wirkenden Straßen wie der *Rue des Cinq-Diamants* wie Pilze aus dem Boden. Besonders Studenten zieht es auf den Butte.

Künstlern über die Schulter schauen

Junge Pariser strömen zu den *portes ouvertes*, den Tagen der offenen Tür in Künstlerateliers bestimmter Stadtviertel. Dort lassen sich oft Schnäppchen ohne Galerie-Aufpreis machen. So öffnen beispielsweise im Mai mehr als 120 Künstler in *Belleville* ihre Arbeitsstätten *(Tel. 01 46 36 44 09, www.ateliers-artistes-belleville.org)* Im angrenzenden *Menilmontant* stellen weitere hundert Kunstschaffende in ihren oft pittoresken Räumen aus *(Tel. 01 46 36 47 17)*.

Doppelt entspannt

Gestresste Pariser lassen es sich zunehmend in doppelter Weise gut gehen: Nach einem Kaffee, einem Wein oder einem guten Essen lassen sie sich von professionellen Masseuren die Rückenmuskeln durchwalken. Das gibt's u. a. im *No Stress Café (Di–So ab 19 Uhr), 2, pl. Gustave Toudouze (9. Arr.), Tel. 01 48 78 00 27, M 12: Saint-Georges*, oder im *Alcazar* beim Sonntagsbrunch (s. S. 53).

Von Anreise bis Zoll

Hier finden Sie kurz gefasst die wichtigsten Adressen und Informationen für Ihre Parisreise

ANREISE

Auto

Alle Autobahnen münden auf die Ringautobahn Boulevard Périphérique. In Paris lassen Sie Ihr Fahrzeug besser in der Hotelgarage stehen. Praktisch alle Autobahnen sind gebührenpflichtig. Höchstgeschwindigkeit 130 km/h.

Bahn

Züge aus Süddeutschland, Österreich und der Schweiz kommen am Ostbahnhof (Gare de l'Est) an. Der Schnellzug »Thalys« aus Köln endet am Gare du Nord. Beide Bahnhöfe haben Anschluss an das Métronetz, der Gare du Nord auch an die S-Bahnlinie RER B.

Flugzeug

Linienflüge aus Deutschland, Österreich und der Schweiz landen auf dem nördlich von Paris liegenden Flughafen Charles-de-Gaulle (CDG). Die Lufthansa kommt am Terminal 1 an. Von dort gibt es einen kostenlosen Pendelbus *(navette)* zur S-Bahnstation (RER). Austrian Airlines und Air France fliegen Terminal 2 an. Vom dortigen RER- und TGV-Bahnhof fahren zwischen 4.56 und 0.11 Uhr Züge in die Innenstadt (Châtelet-Les Halles): 8 Euro.

Air-France-Busse fahren zwischen 5.45 und 23 Uhr von beiden Terminals alle 15 Minuten zum Etoile und zur Porte Maillot (in umgekehrter Richtung 5.45–23 Uhr): 12 Euro. Zum Gare de Lyon bzw. Gare Montparnasse von 7 bis 21 Uhr alle 30 Minuten: 12 Euro. *www.cars-airfrance.com*

Der Roissy-Bus der RATP bedient die Verbindung CDG–Opéra (Rue Scribe) zwischen 6 und 23 Uhr (umgekehrt 6.45–23 Uhr) alle 15 bis 20 Minuten: 8,40 Euro.

Taxis: Eine Fahrt in die Innenstadt kostet normalerweise zwischen 38 und 43 Euro.

AUSKUNFT VOR DER REISE

Französisches Verkehrsbüro/ Fremdenverkehrsamt

– *Zeppelinallee 37, Frankfurt/M., Tel. 09001/57 00 25, www.franceguide.com*
– *Maison de la France, Rennweg 42, Zürich, Tel. 0900/90 06 99, www.franceguide.com*
– *Lugeck 1–2/Stg. 1/Top 7, Wien, Tel. 0900/25 00 15, www.franceguide.com*

AUSKUNFT IN PARIS

Office du Tourisme et des Congrès de Paris

Zimmervermittlung gegen geringe Gebühr (keine Vorabreservierung möglich), Tickets, Vermittlung von

Ausflugspaketen und Informationen. *25, rue des Pyramides (1. Arr.), Tel. 08 92 68 30 00, www.parisinfo.com, M 7, 14: Pyramides, RER A: Auber, Mo–Sa 10–19, So 9–19 Uhr*

Weitere Büros: *11, rue Scribe (9. Arr.), Mo–Sa 9–18.30 Uhr; Gare de Lyon, 20, bd. Diderot (12. Arr.), Mo–Sa 8–18 Uhr; Gare du Nord, 18, rue de Dunkerque (10. Arr.), tgl. 8–18 Uhr; Carrousel du Louvre, Place de la Pyramide Inversée, 99, rue de Rivoli (1. Arr.), tgl. 10–18 Uhr; Eiffelturm (zwischen Nord- und Ostpfeiler), Mai–Sept. tgl. 11–18.40 Uhr*

AUTO

Es gelten die gleichen Verkehrsregeln wie in Deutschland. Generell fahren die Pariser rasant, wollen aber nicht um jeden Preis Vorfahrt haben. Falschparken kann teuer werden, weil Radkrallen angelegt (Auslöse beim nächsten Polizeirevier) oder Fahrzeuge abgeschleppt werden. Es gilt die 0,5-Promille-Grenze.

Benzin ist billiger als in Deutschland. Tanken Sie möglichst an den preisgünstigeren Tankstellen der großen Supermärkte.

DIPLOMATISCHE VERTRETUNGEN

Konsularabteilung der Bundesrepublik Deutschland
28, rue Marbeau (16. Arr.), Tel. 01 53 83 46 40, M 1: Porte Maillot, Mo–Fr 9–12 Uhr

Konsulat der Republik Österreich
17, av. De Villars (7. Arr.), Tel. 01 40 63 30 90, M 8, 13/RER C: Invalides, Mo–Fr 9–12 Uhr

Konsulat der Schweiz
142, rue de Grenelle (7. Arr.), Tel. 01 49 55 67 00, M 13: Varenne, Mo–Fr 9–11.45 Uhr

FUNDBÜRO

Bureau des objets trouvés
36, rue des Morillons (15. Arr.), Tel. 08 21 00 25 25, M 12: Convention, Mo–Fr 8.30–17 Uhr

GESUNDHEIT

EU-Staatsbürger haben mit der neuen European Health Insurance Card (EHIC) Recht auf die gleichen Gesundheitsleistungen wie Franzosen. Sie können also Arztkosten zur Erstattung bei der französischen Sozialversicherung einreichen, die jedoch in der Regel nicht den vollen Betrag erstattet. Der Abschluss einer Reisekrankenversicherung ist daher zu empfehlen.

Apotheken *(pharmacie)* sind durch ein grünes Kreuz gekennzeichnet und haben meist Mo–Sa bis 20 Uhr geöffnet, oft länger. Rund um die Uhr: *Pharmacie Les Champs (Dhery), 84, av. des Champs-Elysées, in den Galeries des Champs-Elysées (8. Arr.), Tel. 01 45 62 02 41, M 1: George V*

INTERNET

– Offizielle Websites: *www.parisinfo.com, www.franceguide.com*
– Hotelreservierung: *www.parisinfo.com, www.paris-ile-de-france.com*
– Museen: *www.parisinfo.fr*
– Ticketservice: *www.ticketnet.fr, www.fnac.com*
– Veranstaltungshinweise: *www.leclubparis.com, www.wanadoo.fr,*

www.chroniscope.com, www.paris.webcity.fr, www.novaplanet.com

INTERNETCAFÉS

La Baguenaude **[123 E4]**
Großes Angebot, auch Minutentarife. *30, rue de la Grande-Truanderie (1. Arr.), Tel. 01 40 26 27 74, M 4/RER A, B: Châtelet-Les Halles, Mo–Fr 11–20.45, Sa 14–20.45 Uhr, www.baguenaude-cafe.com*

XS Arena
Marktführer in Paris. Drei Cybercafés im Herzen der Stadt, rund um die Uhr geöffnet. *43, bd. Sebastopol (1. Arr.), Tel. 01 40 13 02 60, M 4/RER A, B: Châtelet-Les Halles; 53, rue de la Harpe (5. Arr.), Tel. 01 44 07 38 89, M 4, 10: Cluny-La Sorbonne; 17, rue Soufflot (5. Arr.), Tel. 01 43 54 55 55, RER B: Luxembourg; www.xsarena.com*

NOTRUFE

– Krankenwagen (Samu), Tel. 15
– Polizei, Tel. 17
– Feuerwehr, erste Hilfe, Tel. 18
– Notarzt (SOS Médecins), Tel. 01 47 07 77 77
– Zahn-Notdienst, Tel. 01 43 37 51 00

ÖFFENTLICHE VERKEHRSMITTEL

Ergänzt durch die im Stadtgebiet unterirdisch verlaufende S-Bahn (RER) und die Busse erschließt die Métro fast jeden Winkel von Paris. An allen Stationen und in den Offices du Tourisme gibt es kostenlos Streckenpläne, auf denen neben der Nummer der Linie immer auch die Endhaltestelle angegeben ist. Beim Umsteigen müssen Sie an einigen Stationen lange Wege mit vielen Treppen in Kauf nehmen.

Métro und RER fahren nur von 5.30 bis 0.30 Uhr, Busse sogar nur von 6.30 bis 20.30 Uhr. Zwischen 1 und 5.30 Uhr verkehren ab Châtelet jede Stunde (1.30, 2.30 Uhr usw.) Nachtbusse *(noctambus)*.

Die lilafarbenen Fahrkarten gelten im Stadtgebiet für Métro, RER und Busse und erlauben in Métro und RER beliebig häufiges Umsteigen ohne Zeitbegrenzung. Im Bus können die gleichen Tickets verwendet werden, beim Umsteigen verfallen sie. In Bus, Métro und RER (Sperren!) müssen Sie die Fahrkarten entwerten und für den Fall von Kontrollen bereithalten.

Fahrscheine gibt in Tabac-Geschäften mit dem Ticketzeichen, in allen Métro- und RER-Stationen sowie beim Busfahrer. Der Einzelfahrschein kostet 1,40 Euro (Nachtbus je nach Entfernung 1–3 Einzelfahrscheine). Günstiger ist ein Zehnerblock *(carnet)* für 10,70 Euro. Kinder bis vier Jahre fahren gratis.

Für Touristen bieten sich Pauschalkarten an: »Paris Visite« für 1, 2, 3, 5 Tage gewährt auch Ermäßigungen bei Besichtigungen und kostet für 2 Tage 13,70 Euro (Stadtgebiet). Ein »Mobilis«-Tagesticket (ohne Eintritte) kostet 5,40 Euro. Die Wochenkarte »Carte Orange« (Mo–So) ist im Stadtgebiet für 15,70 Euro zu haben (nur mit Passfoto). Erhältlich an allen Métrostationen und im Office du Tourisme.

POST

Hauptpost: *52, rue du Louvre (1. Arr.), M 4: Les Halles,* geöffnet wochentags bis 24 Uhr, am Wochenende rund um die Uhr. Postkarten und Briefe bis 20 g in EU-Länder und die Schweiz kosten 50 Cent.

SICHERHEIT

Das Stadtgebiet gilt bis auf wenige Ausnahmen als relativ sicher. Vorsicht an allen touristischen Plätzen und in der Métro vor Taschendieben. Nicht umsonst warnen Durchsagen in der Métro vor ihnen. Wertsachen möglichst nah am Körper tragen. Im Fall eines Diebstahls empfiehlt sich beim Polizeirevier das Ausfüllen einer *déclaration d'opposition* (Anzeige erstatten).

STADTRUNDFAHRTEN

Batobus

Von März bis Anfang Januar pendelt auf der Seine alle 15 bis 25 Minuten ein Fährschiff zwischen Eiffelturm und Jardin des Plantes. Es gibt sieben Stopps. Batobus verkehrt Feb.–April, Okt. 10–19 Uhr, Mai–Sept. 10–21 Uhr, Nov.–Jan. 10.30–16.30 Uhr. Tageskarte 11 Euro (Kinder 5 Euro). *www.batobus.com*

Les Cars Rouges

Alle 10 bis 20 Minuten fahren die gut sichtbaren roten Doppeldeckerbusse – von 9.30 bis 18 Uhr (letzte Abfahrt am Trocadéro). Beliebiges Zusteigen. Alle wichtigen Sehenswürdigkeiten werden angefahren. Zwei-Tages-Ticket 22 Euro (Kinder 11 Euro). *Tel. 01 53 95 39 53, www.carsrouges.com*

Paris L'Open Tour

Der offene Doppeldeckerbus fährt drei verschiedene Strecken mit 30 Haltestellen ab – bei allen können Sie aus- oder einsteigen. Täglich von 9 bis 18 Uhr, Tageskarte 25 Euro (Kinder 12 Euro), für zwei Tage 28 Euro. *Hauptabfahrtsstelle: 13, rue Auber (9. Arr.), M 3, 9: Havre-Caumartin, RER A: Auber, Tel. 01 42 66 56 56, www.paris-opentour.com*

Paris à pied (Paris zu Fuß)
Wer gut zu Fuß ist, kann Paris auch – zur Not etappenweise – durchwandern. Die Ost-West-Route vom Bois de Boulogne bis zum Bois de Vincennes ist insgesamt 19 km lang, die Nord-Süd-Tour vom Parc Montsouris zum Parc de la Villette 20 km. Wegbeschreibungen in »Paris à pied« (auf Französisch). Erhältlich bei der *Fédération Française de la Randonnée Pédestre, 14, rue Riquet (19 Arr.), Tel. 01 44 89 93 99, M 7: Riquet, Mo–Fr 10–18 Uhr*

Paris à vélo c'est sympa (Paris mit dem Fahrrad)
Wer nicht nur ein Fahrrad ausleihen, sondern sich mit demselben auch professionell durch die Stadt führen lassen will, ist hier richtig (Führungen auch auf Deutsch). Fahrrad 12,50 Euro pro Tag, Tandem 25 Euro. *22, rue Alphonse Baudin (11. Arr.), M 5: Richard-Lenoir, Tel. 01 48 87 60 01, www.parisvelosympa.com, tgl. 9.30–13 u. 14–17.30 Uhr (Sa/So bis 18 Uhr)*

TAXI

Taxis kosten ca. 2 Euro Grundgebühr und zwischen 0,77 und 1,31 Euro pro km (je nach Zeit). Nachts, an Wochenenden, mit Gepäck und von Bahnhöfen aus ist die Fahrt teurer. Eine Quittung *(recu)* verlangen. Wer etwas im Taxi verloren hat, sollte sich an die *Préfecture de Police, Service des Taxis, rue des Morillons (15. Arr.), Tel. 01 55 76 20 00, M 12: Convention,* wenden.

Was kostet wie viel?

Kaffee	**ab 2,50 Euro** für einen Espresso
Snack	**ab 3,70 Euro** für ein Schinkensandwich
Wein	**ab 3,50 Euro** für ein Glas Tafelwein
Croissant	**1,10 Euro** für ein Hörnchen
Parken	**ab 2,30 Euro** für 1 Stunde im Parkhaus
Taxi	**8,50 Euro** für eine Kurzfahrt

– Taxi G7, Tel. 01 47 39 47 39
– Taxis Bleus, Tel. 08 91 70 10 10
– Aéro Taxi, Tel. 01 47 39 01 47

TELEFON & HANDY

Münztelefone gibt es fast nicht mehr. In *Café-Tabacs,* an vielen Kiosken oder bei der Post gibt es Telefonkarten *(télécartes)* in unterschiedlicher Stückelung. In mit Glocke und Rufnummer gekennzeichneten Kabinen kann man sich zurückrufen lassen (wesentlich billiger als Handy).

Alle Pariser Nummern (außer Sondernummern) beginnen mit 01 und haben zehn Ziffern. Die Vorwahl für Deutschland lautet 0049, für Österreich 0043 und für die Schweiz 0041, dann die jeweilige Ortskennzahl ohne Null. Aus dem Ausland muss die 00331 für Paris gewählt werden (die Null für Paris entfällt), danach kommen die acht übrigen Ziffern der Telefonnummer.

Handy heißt auf französisch *portable.* Kann sehr teuer werden. Wer Geld sparen will, wählt den örtlich günstigsten Mobilanbieter (in der Regel SFR) manuell aus (Bedienungsanleitung nicht vergessen). Am günstigsten sind SMS.

THEATERKARTEN

Bei der Ticketsuche hilft das Office du Tourisme. Außerdem:

– *Fnac, Forum des Halles; 1, rue Pierre Lescot (1. Arr.), Tel. 08 92 68 36 22, M/RER: Châtelet-Les Halles* und *74, av. des Champs-Elysées (8. Arr.), Tel. 01 53 53 64 64, www.fnac.com, M 1: George V*

– *Paris Spectacles Kartenservice Peter Müller, Willy-Brandt-Str. 23, Heppenheim, Tel. 06252/746 18, Fax 98 21 04, www.paris-spectacle.de* (Reservierungen für Tickets fast aller Veranstaltungen von Deutschland aus. Vermittlungsgebühr 15 Prozent und Porto. Zahlung erfolgt per Überweisung).

TRINKGELD

In Restaurants und Cafés ist die Bedienung im Preis inbegriffen. Üblich ist es aber dennoch, in Cafés und Bars ein paar Münzen liegen zu lassen bzw. im Restaurant ein Trinkgeld *(pourboire)* von 5 bis 10 Prozent zu geben.

VERANSTALTUNGSTIPPS

»Pariscope« (40 Cent), »L'Officiel du Spectacle« (35 Cent), »Zurban« (1 Euro) und »Nova« erscheinen alle mittwochs und bieten eine umfassende Übersicht aller Pariser Veranstaltungen.

ZOLL

Privatpersonen innerhalb der EU: keine Ein- und Ausfuhrbeschränkungen für Tabak und Alkohol. Für Schweizer sind 2 l Wein oder 1 l Spirituosen frei. Genaues unter *www.zoll-d.de* und *www.zoll.admin.ch*

Wetter in Paris

	Jan.	Feb.	März	April	Mai	Juni	Juli	Aug.	Sept.	Okt.	Nov.	Dez.
Tagestemperaturen in °C	6	7	12	16	20	23	25	24	21	16	10	7
Nachttemperaturen in °C	1	1	4	6	10	13	15	14	12	8	5	2
Sonnenschein Std./Tag	2	3	5	7	7	7	7	7	6	4	2	2
Niederschlag Tage/Monat	12	10	8	9	9	9	9	9	9	8	10	10

Tu parles français?

»Sprichst du Französisch?«
Dieser Sprachführer hilft Ihnen, die wichtigsten Wörter und Sätze auf Französisch zu sagen

Zur Erleichterung der Aussprache sind alle französischen Wörter mit einer einfachen Aussprache (in eckigen Klammern) versehen.

AUF EINEN BLICK

Ja/Nein	Oui [ui]/Non [nong]
Vielleicht	Peut-être [pöhtätr]
Bitte	S'il vous plaît [sil wu plä]
Danke	Merci [märsi]
Gern geschehen.	De rien. [dö rjäng]
Entschuldigen Sie!	Excusez-moi! [äksküseh mua]
Wie bitte?	Comment? [kommang]
Ich verstehe Sie/dich nicht.	Je ne comprends pas. [schön kongprang pa]
Ich spreche nur wenig Französisch.	Je parle un tout petit peu français. [schparl äng tu pti pöh frangsä]
Können Sie mir bitte helfen?	Vous pouvez m'aider, s.v.p.? [wu puweh mehdeh sil wu plä]
Guten Morgen/Tag!	Bonjour! [bongschur]
Guten Abend!	Bonsoir! [bongsuar]
Hallo!/Grüß dich!	Salut! [salü]
Wie ist Ihr Name, bitte?	Comment vous appelez-vous? [kommang wus‿apleh wu]
Wie heißt du?	Comment tu t'appelles? [kommang tü tapäl]
Mein Name ist …	Je m'appelle … [schö mapäl]
Ich komme aus …	Je suis de … [schö süi dö]
… Deutschland.	… l'Allemagne. [lalmanj]/
… Österreich.	… l'Autriche. [lohtrisch]
… der Schweiz.	… la Suisse. [la süis]
Auf Wiedersehen!	Au revoir! [oh röwuar]
Tschüss!	Salut! [salü]
Hilfe!	Au secours! [oh skur]
Rufen Sie bitte schnell …	Appelez vite … [apleh wit]
… einen Krankenwagen.	… une ambulance. [ün‿angbülangs]
… die Polizei.	… la police. [la polis]

UNTERWEGS

Bitte, wo ist ...?	Pardon, où se trouve ..., s.v.p.? [pardong, us truw ... sil wu plä]
... der Bahnhof?	... la gare ... [la gar]
... der Flughafen?	... l'aéroport ... [laehropor]
... die Haltestelle?	... l'arrêt ... [larä]/ ... la station ... [la stasjong]
... der Taxistand?	... la place de voitures ... [la plas dö woitür]
Bus/Fähre/Zug	le bus [lö büs]/le bac [lö bak]/le train [lö träng]
Entschuldigung, wie komme ich nach ...?	Pour aller à ..., s.v.p.? [pur‿aleh a sil wu plä]
Immer geradeaus bis ...	Vous allez tout droit jusqu'à ... [wus‿aleh tu drua schüska]
Dann links/rechts abbiegen.	Ensuite, vous tournez à gauche/à droite. [angsüit wu turneh a gosch/adruat]
nah/weit	près [prä]/loin [luäng]
Überqueren Sie ...	Vous traversez ... [wu trawärseh]
... die Brücke.	... le pont. [lö pong]
... den Platz.	... la place. [la plas]
... die Straße.	... la rue. [la rü]
Ich möchte ... mieten.	Je voudrais louer ... [schwudrä lueh]
... ein Auto ...	... une voiture. [ün wuatür]
... ein Fahrrad ...	... un vélo. [äng wehloh]
... ein Boot ...	... un bateau. [äng batoh]
offen/geschlossen	ouvert,e [uwär, uwärt]/fermé,e [färmeh]
drücken/ziehen	presser [presseh]/tirer [tireh]
Eingang/Ausgang	l'entrée [l'angtreh]/la sortie [la sorti]
Wo sind bitte die Toiletten?	Où sont les W.-C., s.v.p.? [u song leh wehseh sil wu plä]
Damen/Herren	dames [damm]/messieurs [messjöh]

SEHENSWERTES

Wann ist das Museum geöffnet?	A quelle heure ouvre le musée? [a käl‿ör uwrö lö müseh]
Wann beginnt die Führung?	La visite guidée est à quelle heure? [la wisit gideh ät‿a käl‿ör]
Altstadt	la vieille ville [la wjäj wil]
Ausstellung	l'exposition [läkspohsisjong]
Gottesdienst	l'office [lofis]
Kirche	l'église [lehglis]
Rathaus	la mairie [la märi]/ l'hôtel de ville [lotäl dö wil] (Großstadt)
Schloss	le château [lö schatoh]
Stadtplan	le plan (de la ville) [lö plang (dö la wil)]
Stadtzentrum	le centre de la ville [santre dö la wil]

Datum- & Zeitangaben

Montag	lundi [längdi]
Dienstag	mardi [mardi]
Mittwoch	mercredi [märkrödi]
Donnerstag	jeudi [schödi]
Freitag	vendredi [wangdrödi]
Samstag	samedi [samdi]
Sonntag	dimanche [dimangsch]
heute/morgen	aujourd'hui [oschurdüi]/demain [dömäng]
täglich	par jour [par schur]
Wie viel Uhr ist es?	Quelle heure est-il? [käl‿ör ät‿il]
Es ist 3 Uhr.	Il est trois heures. [il‿ät truas‿ör]
Es ist halb 3.	Il est deux heures et demie. [il‿ät döhs‿ör eh dmi]
Es ist Viertel vor 3.	Il est trois heures moins le quart. [il‿ät truas‿ör muängl kar]
Es ist Viertel nach 3.	Il est trois heures et quart. [il‿ät truas‿ör eh kar]

Essen & Trinken

Die Speisekarte, bitte.	La carte, s.v.p. [la kart sil wu plä]
Ich nehme ...	Je prendrai ... [schö prangdrä]
Bitte ein Glas ...	Un verre de ..., s.v.p. [äng wär dö ... sil wu plä]
Besteck	les couverts [leh kuwär]
Messer/Gabel/Löffel	le couteau [lä kutoh]/la fourchette [la furschät]/la cuillère [la kuijär]
Vorspeise	le hors-d'œuvre [lö ordöwr]
Hauptgericht	le plat de résistance [lö plad rehsistangs]
Nachspeise	le dessert [lö dehsär]
Salz/Pfeffer	le sel [lö säl]/le poivre [lö puawr]
scharf	fort,e [for, fort]
Ich bin Vegetarier/in.	Je suis végétarien. [schö süi weschetariang]
Trinkgeld	le pourboire [lö purbuar]
Die Rechnung, bitte.	L'addition, s.v.p. [ladisjong sil wu plä]

Einkaufen

Wo kann ich ... kaufen?	Où est-ce qu'on peut acheter ...? [u äs kong pöht aschteh]
Apotheke	la pharmacie [la farmasi]
Bäckerei	la boulangerie [la bulangschri]
Kaufhaus	le grand magasin [lö grang magasäng]
Lebensmittelgeschäft	l'épicerie [lehpisri]
Markt	le marché [lö marscheh]

Haben Sie …?	Vous avez …? [wus‿aweh]
Ich möchte …	J'aimerais … [schämrä]
Eine Einkaufstüte, bitte.	Un sac, s.v.p. [äng sak sil wu plä]
Das gefällt mir nicht.	Ça ne me plaît pas. [san mö plä pa]
Wie viel kostet es?	Combien ça coûte? [kongbjäng sa kut]
Nehmen Sie Kreditkarten?	Vous prenez les cartes de crédit? [wu pröneh leh kart dö krehdi]

ÜBERNACHTEN

Ich habe bei Ihnen ein Zimmer reserviert.	J'ai réservé une chambre chez vous. [schö rehsärweh ün schangbrö scheh wu]
Haben Sie noch …	Est-ce que vous avez encore … [äs‿kö wus‿aweh angkor]
… ein Einzelzimmer?	… une chambre pour une personne? [ün schangbr pur ün pärsonn]
… ein Zweibettzimmer?	… une chambre pour deux personnes? [ün schangbr pur döh pärsonn]
mit Bad	avec salle de bains [awäk sal dö bäng]
Was kostet das Zimmer mit Frühstück?	Quel est le prix de la chambre, petit déjeuner compris? [käl‿ä lö prid la schangbr pti dehschöneh kongpri]

PRAKTISCHE INFORMATIONEN

Können Sie mir einen Arzt empfehlen?	Vous pourriez recommander un médecin, s.v.p.? [wu purjeh rökommang deh äng bong mehdsäng sil wu plä]
Ich habe hier Schmerzen.	J'ai mal ici. [scheh mal isi]
Eine Briefmarke, bitte.	Un timbre, s.v.p. [äng tambre sil wu plä]
Postkarte	la carte postale [la kart postal]
Wo ist hier bitte eine Bank?	Pardon, je cherche une banque. [pardong schö schärsch ün bangk]
Geldautomat	la billetterie [la bijätri]

ZAHLEN

1	un, une [äng, ühn]	11	onze [ongs]
2	deux [döh]	12	douze [dus]
3	trois [trua]	20	vingt [wäng]
4	quatre [katr]	50	cinquante [sängkangt]
5	cinq [sängk]	100	cent [sang]
6	six [sis]	200	deux cents [döh sang]
7	sept [sät]	500	cinque cents [sängk sang]
8	huit [üit]	1000	mille [mil]
9	neuf [nöf]	1/2	un demi [äng dmi]
10	dix [dis]	1/4	un quart [äng kar]

Cityatlas Paris

Die Seiteneinteilung für den Cityatlas finden Sie auf dem hinteren Umschlag dieses Reiseführers

Kartenlegende Cityatlas

Autoroute Autobahn	Motorway Autosnelweg
Route à quatre voies Vierspurige Straße	Road with four lanes Weg met vier rijstroken
Route à grande circulation Fernstraße	Trunk road Weg voor interlokaal verkeer
Route principale Hauptstraße	Main road Hoofdweg
Autres routes Sonstige Straßen	Other roads Overige wegen
Rue à sens unique Einbahnstraße	One-way street Straat met eenrichtingsverkeer
Zone piétonne Fußgängerzone	Pedestrian zone Voetgangerszone
Information - Parking Information - Parkplatz	Information - Parking place Informatie - Parkeerplaats
Chemin de fer principal avec gare Hauptbahn mit Bahnhof	Main railway with station Belangrijke spoorweg met station
Autre ligne Sonstige Bahn	Other railway Overige spoorweg
Gare RER RER-Bahnhof	RER Station RER Station
Métro U-Bahn	Underground Ondergrondse spoorweg
Église remarquable - Autre église Sehenswerte Kirche - Sonstige Kirche	Church of interest - Other church Bezienswaardige kerk - Andere kerk
Synagogue - Mosquée Synagoge - Moschee	Synagogue - Mosque Synagoge - Moskee
Monument - Auberge de jeunesse Denkmal - Jugendherberge	Monument - Youth hostel Monument - Jeugdherberg
Poste de police - Bureau de poste Polizeistation - Postamt	Police station - Post office Politiebureau - Postkantoor
Hôpital - Bus d'aéroport Krankenhaus - Flughafenbus	Hospital - Airport bus Ziekenhuis - Vliegveldbus
Zone bâtie, bâtiment public Bebauung, öffentliches Gebäude	Built-up area, public building Woongebied, openbaar gebouw
Zone industrielle Industriegelände	Industrial area Industrieterrein
Parc, bois - Cimetière Park, Wald - Friedhof	Park, forest - Cemetery Park, bos - Kerkhof
Promenades en ville Stadtspaziergänge	Walking tours Wandelingen door de stad

A
B
C
1
2
3
4
5
6
Stade Municipal
L.P. Annexe Vauban
Jardin des Tournelles
Bibl. Tribunal
R. du Prés.t Kruger
Rue de Colombes
Lyc.
A. Briand
Espace Carpeaux
B.d de Verdun
D908
J. Ferry
Rue Lambrechts
Rue Parmentier
Maison de Retraire
Rue Jean
Avenue
Rue Barbés
Rue du Château du Loir
Gare de Courbevoie
Av. du
R. Roug.-de-l'Isle
R. A. Ledoux
R. P. Lhomme
R. des Salles
R. de Visien
J. P. Timbaud
Pl. Herold
Clin. Médicis
Rue Ségoffin
R. de Bitche
D6
Rue de Bezons
Rue de l'Alma
Boulevard Victor Hugo
R. Baudin
Les Gémeaux
Parc de la Balance
COURBEVOIE
Mairie
Pl. Charles De Gaulle
Les Poissons
Parc des Pleiades
Hébert
Clinique La Montagne
Parc de Lattre de Tassigny
Place Charras
Av. Gambetta
D9
R.d'Essling
R. Ch. Gounod
Av. du Parc
R. de Strasbourg
Pl. Saverne
R. C.
R. V. Hugo
R. Ficatier
Lycée G. Pompidou
R. de l'Industrie
Bd. Paul Doumer
Quai du Prés.t
Seine
Île de
Bd. de Courbevoie
Boulevard du
Stade du G.al Monclar
Allée des Vosges
R. de Strasbourg
Parc Diderot
B.d Circulaire
Av. d'Alsace
R. L. Blanc
Allée Mozart
R. du Général Audran
R. de l'Abreuvoir
Hôpital Communal de Neuilly
Boulevard du Général Leclerc
LA DÉFENSE
16
A14
Esplanade du G.al de Gaulle
Esplanade de La Défense
B.d de Neuilly
Pl. des Saisons
Pl. de Seine
Qu.
Île du Pont
Boulevard Bd
Av. Perronet
Rue Ybry
Avenue Soyer
Boulevard
B.d Circulaire
B.d Pierre
Gaudin
Rue Bellini
P.t de Neuilly
R. Beffroy
R. Bailly
Rue Garnier
R. B. Pascal
Av. du Château
R. Chartran
R. de l'Eglise
R. du
Av. Achille
R. P. Lafargue
Arago
Rue J. Jaures
Rue
Complexe Sportif
Avenue Charles-de-Gaulle
Pont de Neuilly
Rue des Poissonniers
R. Th. Gautier
R. C. Pinel
Rue Boutard
Longchamp
R. du G.al H. Bertier
Rue de Madrid
PUTEAUX
Bras de Neuilly
Bouton
Koenig
Île de Puteaux
Qu. de Dion
D7
15
Hassoux
Grand Bras
R. de Longpont
R. V. Daix
R. F. Passy
Lycée
Parc de la Folie St James
Av. du Parc St James
Rue Pierret
Théâtre de Neuilly
R. Victor
Cimetière de Neuilly
Rue du Bois de Boulogne
R. Salignac Fénelon
Rue
Rue Delaborde
Rue St James
Rue Delabordère
Av. de Madrid
Boulevard
Porte de Neuilly
V. Maillot
Rue Delaleau
Voie Georges
Piscine
D1
Boulevard du Général
R. Windsor
R.d P.t St James
Rue du Centre
Rue de la Ferme
B.d du C.dt Charcot
Soc. d'Equitation de Paris
Jardin d'Acclimatation
Musée et Tradi
St-Isabelle
Pl. de Bagatelle
R. E. Deloison
B.d J. Potin
Port St James
Mare Saint James
Av. du
Boulevard
Av. de Bre

D
E
F
D1
1
2
3
4
5
6
200 m
Parc de Bécon
Roybet Fould
J. B.
St. Denis
Quai du Maréchal Joffre
Pont de Levallois
Rucher de Levallois
Musée de la Pêche
Quai Michelet
Pl. G. Pompidou
Square L. Jamin
Pont de Levallois-Bécon
Clément Bayard
Rue Baudin
Rue du Parc
R. M. J. Bassot
R. M. Girault
Vaillant
All. Cl. Monet
Michelet
Av. G. Pompidou
Lycée Technique Léonard de Vinci
Sq. A. Malraux
Rue Malraux
Av. A.
Boulevard Vital Bouhot
Grande Jatte
Boulevard Georges Seurat
Quai
R. Pasquier
Rue Ernest
Pal. d. Sports M. Cerdan
Rue Danton
Rue Paul
Parc de la Planchette
LEVALLOIS-PERRET
Boulevard
Rue Cognacq
Rue Gabin
Greffulhe
R. Jean
V. de Villiers
Pl. de la Libération
Rue Saussaye
Hôpital Américain
Château
Kléber
Anatole
Anatole France
Hôpital N.D. du Perpétuel Secours
Rue de
Rue St Paul
Victor
Chézy
Chauveau
Marius
St-Jaques
St-Edouard
Clin. St. Isabelle
du
B.d
NEUILLY-SUR-SEINE
Rue de Lesseps
Pl. du Duc d' Orleans
Rue
R. Barbès
Hôpital Franco-Britann.
Rue Chaptal
R. C. Desmoulins
Rue Vergniaud
Lycée Espagnol
Hugo
Rue de Rouvray
Villiers
Louise
Boulevard d'Inkermann
Bineau
Nortier
Rue de
Pauline
Sq. Belœil
Av. Céline
Clin. Cité des Fleurs
École
B.d
Clin. H.Hartman
Clin. A. Paré
B.d Victor Hugo
R. des Dames Augustines
Lycée
Parmentier
Villiers
Duca
Av. de la P.te de Villiers
Lyc. Pasteur
Perronet
Borghèse
B.d J. Mermoz
Mairie
St-Pierre
École
Bd. d'Inkermann
Rue
Pl. W. Churchill
R. du Gal Cordonnier
V. du Roule
Av. Ph. Le Boucher
Madeleine Michelis
Perronet
R. C. de l
Stade Paul Faber
R. de Hôtel de Ville
Peretti
Av.
R. St Pierre
Rue L. Philippe
d'Orléans
R. A. Vérien
R. B. Dumas
R. de l'Ecole de Mars
Rue
du
Roule
R. P. Chérest
Centre Chirurg. P. Cherest
Rue
de Paladines
B.d d'Aurelle
B.d de Dixmude
P.te de Villiers
Gouvion
Av. de la Porte des Ternes
Mont rosier
Pl. du G.al Koenig
Pershing
Porte des Ternes
Ancelle
Les Sablons
R. C.dt Pilot
Pl. du Marché
Rue de
Sablonville
R. du Midi
Chartres
Pl. de Verdun
Charles
Dulud
B.d des Sablons
de Gaulle
R. P. Déroulède
Laffitte
Barrès
B.d Maillot
B.d A. Maurois
Palais des Congrès
Porte des Sablons
Carrefour des Sablons
Petit
Tramway
Porte Maillot
Pl. de la P.te Maillot
Porte Maillot
Neuilly-P.te-Maillot
Grande
Route de la Porte des Sablons à la Porte Maillot
Musée en Herbe
Bois de Boulogne
Route de la
Mare d'Armenonville
Pavillon d'Armenonville
Square A. et R. Parodi
Boulevard

A
B
C
1
2
3
4
5
6
D1
200 m
Pl. G. Pompidou
Square L. Jamin
Levallois Perret
Pl. du 11. Nov. 1918
Rue Baudin
Rue Collange
Ste-Reine
Rue du Puits Bertin
Petit
Rue de Neuilly
Garages
de Clichy
Clément Bayard
Rue Jules
Espace Cult.
Rue Couturier
D909
Rue de la Gare
Station Clichy Levallois
Auditorium M. Ravel
Pelletan
Rue Victor Hugo
Pl. du 8. Mai 1945
Atel.
SNCF
R. M. Girault
R. M. J. Bassot
Rue du Parc
Vaillant
Rue Cavé
Rue Edouard
Guesde
Camille
Pl. J. Zay
P. Brossolette
Rue Raspail
Rue Trézel
Briand
Jaurès
R. Jules Verne
Parc de la Planchette
Rue du
LEVALLOIS-PERRET
Rue J. Mazaud
St.-Justin
Rue Pasteur
Voltaire
Hôtel de Ville
Marjolin
Sq. V. Hugo
Stade Nerc
R. Deguingand
Kléber
Anatole
Jardin la Mairie
Mairie
Aristide
Rouquier
Parc Gagarine
Lorraine
Rue d'Alsace
Bibl. Alsace
Stade L. Bobet
Porte d'Asnières
Anatole France
Marius
Carnot
Gabriel
Louis
Président
Rivay
Vaillant
Jules
Jean
Rue de
Rue Ladwig
Pl. H. Barbusse
Trébois
Parc G. Eiffel
Reims
Palais des Sports
R. H. Barbusse
Michel
Wilson
Rue M. Ravel
Sq. Valentin
R. Curnonsky
R. Piver
Lafay
R. Barbès
Chaptal
R. C. Desmoulins
Rue Vergniaud
France
Périer
Jacques Ibert
Rue de
Bernard
Bd. de
Avenue
R. J. Bourdais
R. de l'Abbé Rousselot
Villiers
Louise
Aufan
Danton
Square Danton
L. Michel
Promenade
Somme
Porte de Courcelles
Av. P. Adam
R. de Senlis
Pl. P. Léautaud
R. E. Flachat
Bineau
Porte de Champerret
R. du C. Peugeot
Bd de St. Odile
Pl. Stuart Merrill
R. A. Samain
Boulevard
Av. de la P.te Champerret
P.te de Champ.
Cour celles
Gourgaud
(Nord)
(Sud)
Péreire Levallois
Bd de Villiers
Duca
Av. de la P.te de Villiers
Bd de l'Yser
Debussy
R. Cl.
Descombes
R. Hélio polis
R. Tell
R. G.
Pl. du M.al Juin
Rue de
Péreire
Parmentier
R. C. del
Stade Paul Faber
R.A. Charpentier
Pl. J. Renard
R. Galvani
Niel
Rue Demours
R. Gounod
Bd d'Aurelle de Paladines
Bd de Dixmude
P.te de Villiers
St Cyr
R. E. Allez
R. R. Bacon
R. Vernier
R. J. B. Dumas
Pereire
Laugier
R. Balny d'Avricourt
R. Th. de Banville
Rue de Courcelles
Sq. Bayen
R. Faraday
R. de St Senoch
R. Bayen
Pl. du G.al Koenig
Pershing
Gouvion
R. Ruhmkorff
Av. de Verzy
R. des Ternes
Guersant
R. Lebon
Pl. A. Maillart
Imp. Roux
Rennequin
Rue Fourcroy
des Ternes
Porte des Ternes
Avenue
R. Torricelli
Pierre
Rue Laugier
Poncelet
Rue des Renaudes
R. Th. Ribot
Palais des Congrès
Bd
Boulevard
R. Labie
Tristan Bernard
St Ferdinand
St Thérèse
Pl.
R. M. V. Renault
Rue Mareuil
Avenue
R. Saussier Leroy
Rue Bayen
Wagram
Ternes
Hôpital Marmottan
R. d'Armaillé
R. du Colonel Moll
Rue Ferdinand
Neuilly-P.te Maillot
Place
R. St Ferdinand
Pl. de la P.te Maillot
Porte Maillot
Av.
Av. de la Grande Armée
Poisson
Brunel
R. Villaret de Joyeuse
Acacias
R. de l'Arc de Triomphe
Av. M. Mahon
R. de l'Etoile
R. Brey
Espace Wagram
Pl. des Ternes
Ternes
Rue Salle
Square du Roule
R. de la Néva
Boulevard
Rép
St Joseph
R. Troyon
Pl. Y. et Cl. Morandat
120
TERNES

CLICHY
WAGRAM
D911
D19
D912
L'Oréal
Stade de France
Cimetière des Batignolles
École National de Commerce
P.te de Clichy
Lycée H. de Balzac
Boulevard Berthier
Bd de Douaumont
Bd du Fort de Vaux
Bd Victor Hugo
Bd Jean Jaurès
Rue Martre
Av. de la Porte de Clichy
Avenue de Clichy
Pte de Clichy
Porte de Clichy
Entrepôt
Atelier et Gare des Batignolles
Marchandises
Brochant
Sq. Paul Paray
Rue de Saussure
College B.Vian
Station Pont Cardinet
Bd Pereire (Nord)
Boulevard Pereire (Sud)
Square des Batignolles
Ste Marie des Batignolles
Pl. de Wagram
Jardin Tocqueville
Rue Legendre
Rue Cardinet
Rue Jouffroy
Univ. Paris IV Sorbonne
Lycée
St. Fr. de Sales
Wagram
Villiers
Avenue de Villiers
Malesherbes
Mus.Henner
Pl. du Gal Catroux
Théâtre Hebertot
Univ.de Format. Maîtres
Rome
Lycée Chaptal
Pl. P. Goubaux
Boulevard des Batignolles
Boulevard de Courcelles
Monceau
Courcelles
Pl. de la République Dominicaine
Parc Monceau
Mus. Cernuschi
Musée Nissim de Camondo
Boulevard Malesherbes
Rue de Constantinople
Théât. T. Bernard
Europe
Mairie du 8E Arr.
Rue de Madrid
Rue de Naples
Rue de Lisbonne
Pl. de Rio de Janeiro
Rue Hoche
Direction E.D.F.
N.D.de l' Annonciation
St Augustin
Bienfaisance
Pl. du Pérou
1
2
3
4
6
17
D
E
F
115
121

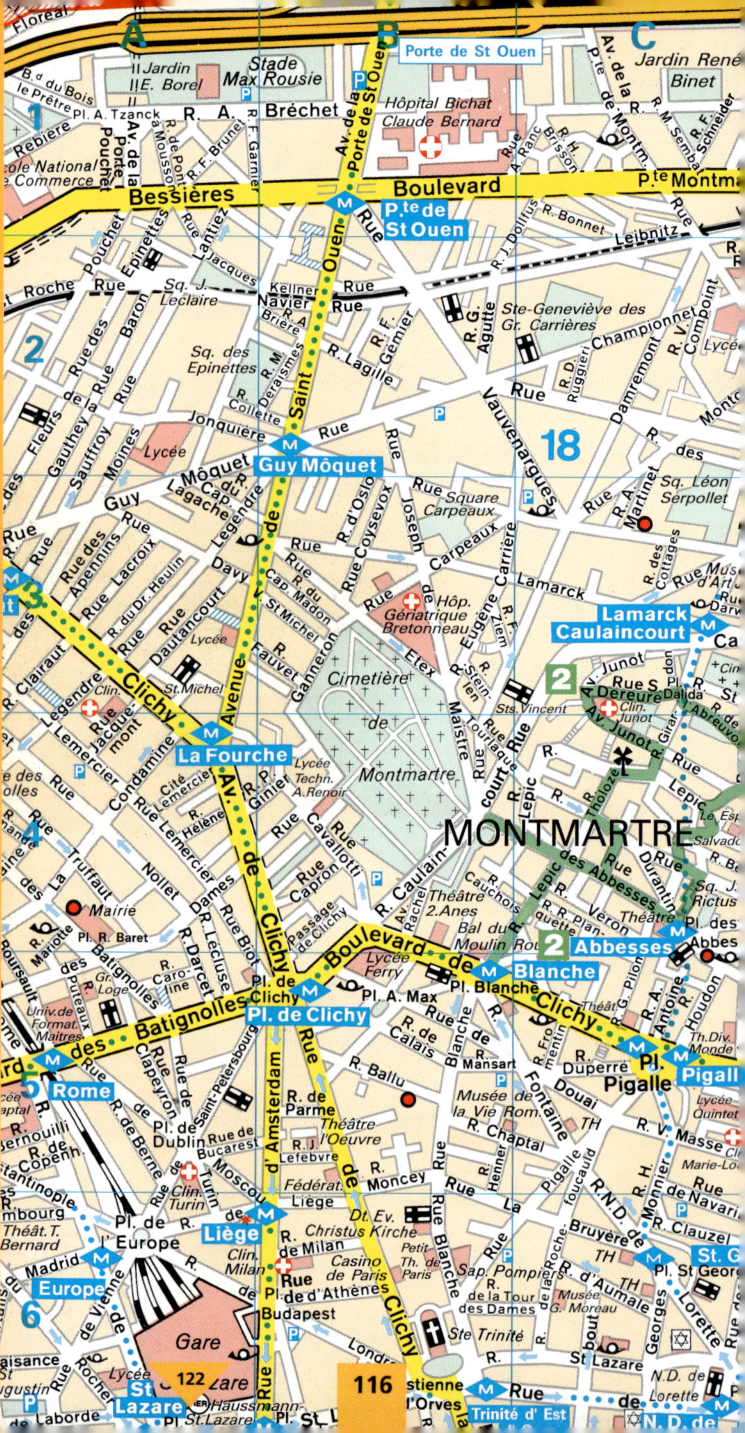
A
B
C
1
2
3
4
5
6
18
Porte de St Ouen
Stade Max Rousie
Jardin E. Borel
Jardin René Binet
Hôpital Bichat Claude Bernard
Boulevard Bessières
P.te Montmartre
P.te de St Ouen
Av. de la Porte de St Ouen
Av. de la Porte Pouchet
Av. de la P.te de Montm.
R. A. Bréchet
Rue Saint Ouen
R. Leibnitz
R. Bonnet
R. J. Dollfus
Rue Navier
Rue Roche
Sq. J. Leclaire
Rue Pouchet
Rue Lantiez
Rue Jacques Kellner
Ste-Geneviève des Gr. Carrières
R. Championnet
R. G. Agutte
R. F. Gémier
R. Lagille
Sq. des Epinettes
Rue des Epinettes
R. Collette
Rue Jonquière
Guy Môquet
Rue Guy Môquet
Rue Vauvenargues
Rue Damrémont
Rue des Fleurs
Rue Gauthey
Rue Sauffroy
Rue des Moines
Lycée
Rue Lagache
Rue Legendre
Rue Davy
R. d'Oslo
Rue Coysevox
Rue Joseph de Maistre
Square Carpeaux
Rue Carpeaux
Rue Eugène Carrière
Rue Lamarck
Sq. Léon Serpollet
R. A. Martinet
R. des Cottages
Lamarck Caulaincourt
Hôp. Gériatrique Bretonneau
Rue Etex
Rue des Apennins
Rue Lacroix
R. du Dr. Heulin
Rue Dautancourt
St. Michel
Rue Fauvet
Rue Ganneron
Cimetière de Montmartre
Av. Junot
Rue S. Dereure
Pl. Dalida
Clin. Junot
Sts. Vincent
Rue Caulaincourt
R. Lepic
Rue Tholozé
Rue Girardon
MONTMARTRE
Rue des Abbesses
Rue Durantin
Sq. J. Rictus
Théâtre
Avenue de Clichy
Av. de Clichy
La Fourche
Rue Clairaut
Rue Legendre
Rue Lemercier
Rue Condamine
Cité Lemercier
Rue Jacquemont
Clin.
Lycée Techn. A. Renoir
R. P. Ginier
R. Hélène
Rue Cavallotti
Rue Capron
Passage de Clichy
R. Caulaincourt
Théâtre 2.Anes
Bal du Moulin Rouge
R. Véron
Abbesses
Rue Truffaut
Rue Nollet
Rue des Dames
Rue Biot
R. Lécluse
R. Darcet
Mairie
Pl. R. Baret
R. Mariotte
Rue des Batignolles
Univ. de Format. Maîtres
Boulevard des Batignolles
Boulevard de Clichy
Lycée Ferry
Pl. de Clichy
Pl. A. Max
Pl. Blanche
Blanche
Rue Blanche
R. de Calais
Rue Fontaine
R. Duperré
Pl. Pigalle
Pigalle
Rue Houdon
Th. Div. Monde
Rome
Rue de Rome
Rue Clapeyron
Rue de Saint-Pétersbourg
Rue d'Amsterdam
Rue de Clichy
R. Ballu
R. de Parme
Théâtre l'Oeuvre
Musée de la Vie Rom.
R. Chaptal
R. Mansart
Rue de Douai
Rue Pigalle
R. V. Massé
Lycée Quintet
Pl. de Dublin
Rue de Bucarest
Rue de Berne
Rue de Turin
Rue de Moscou
Clin. Turin
R. J. Lefebvre
Fédérat. Ev.
R. Moncey
Rue de Liège
Rue La Bruyère
R. Henner
Rue Frochot
R.N.D. de Lorette
R. H. Monnier
Rue de Navarin
R. Clauzel
Pl. de l'Europe
Europe
Liège
Dt. Ev. Christus Kirche
R. de Milan
Clin. Milan
Casino de Paris
Petit Th. de Paris
Sap. Pompiers
R. de la Tour des Dames
Musée G. Moreau
R. de la Rochefoucauld
R. d'Aumale
Pl. St Georges
St. Georges
Rue de Madrid
Rue de Vienne
Rue du Rocher
Gare St Lazare
St Lazare
Rue de Budapest
Rue d'Athènes
Rue de Londres
Ste Trinité
R. St Lazare
N.D. de Lorette
Trinité d'Estienne d'Orves
Rue de Laborde
Rue du Havre
Haussmann-St.Lazare

122

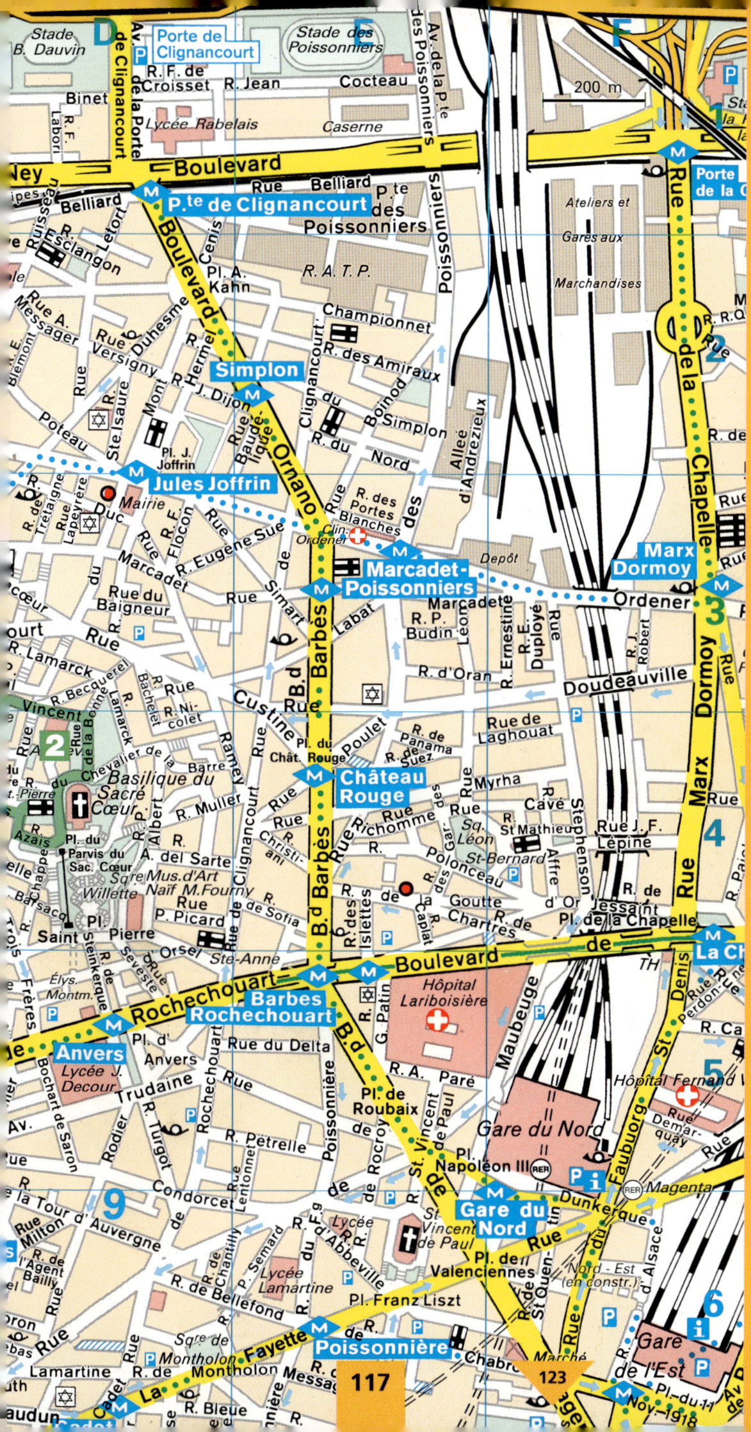
D
E
F
Stade B. Dauvin
Porte de Clignancourt
Stade des Poissonniers
Av. de la Porte de Clignancourt
R. F. de Croisset
R. Jean Cocteau
Av. de la P.te des Poissonniers
200 m
Binet
R. F. Labori
Lycée Rabelais
Caserne
Ney
Boulevard
Rue Belliard
P.te des Poissonniers
Belliard
P.te de Clignancourt
Porte de la C
R. Ruisseau
R. Esclangon
Leibniz
Boulevard Ornano
Cenis
Pl. A. Kahn
R. A. T. P.
Ateliers et Gares aux Marchandises
Rue A. Messager
Rue Duhesme
Rue Versigny
R. Hermel
Championnet
R. des Amiraux
Simplon
R. J. Dijon
Clignancourt
Rue du Simplon
Boinod
Rue de la Chapelle
R. E. Blémont
Rue Ste. Isaure
Mont Cenis
Rue Baudelique
R. du Nord
Allée d'Andrézieux
Poteau
Pl. J. Joffrin
Jules Joffrin
R. des Portes Blanches
R. de Trétaigne
Rue Lapeyrère
Mairie
R. Duc
R. F. Flocon
Rue Eugène Sue
Clin. Ordener
Rue des Poissonniers
Marcadet-Poissonniers
Dépôt
Marx Dormoy
Rue Marcadet
Rue du Baigneur
Rue Simart
Rue de Clignancourt
Rue Labat
Marcadet
R. P. Budin
Léon
R. Ernestine
R. E. Duployé
Rue
Ordener
R. J. Robert
Rue Marx Dormoy
R. Lamarck
Rue
R. Becquerel
R. Bachelet
R. Ni-colet
B.d Barbès
R. d'Oran
Doudeauville
Rue Custine
Pl. du Chât. Rouge
Poulet
R. de Panama
R. de Suez
Rue de Laghouat
Vincent
Rue de la Bonne
Chevalier de la Barre
Rue Ramey
Rue
Château Rouge
Myrha
Basilique du Sacré Cœur
R. Muller
Rue Richomme
Rue des Gardes
Sq. Léon
Cavé
R. St Mathieu
Stephenson
Rue J. F. Lépine
Pl. du Parvis du Sac. Cœur
R. A. del Sarte
R. Christiani
St-Bernard
Polonceau
Affre
Sq.re Willette
Mus.d'Art Naïf M.Fourny
Rue P. Picard
R. de Sofia
R. des Islettes
Rue de la Goutte d'Or
Chartres
R. de Jessaint
Pl. de la Chapelle
Saint Pierre
Rue Steinkerque
Rue Seveste
Rue Orsel
Ste-Anne
Boulevard de Rochechouart
Barbes Rochechouart
Boulevard de la Chapelle
La Ch
Élys. Montm.
R. G. Patin
Hôpital Lariboisière
Rue Maubeuge
TH
R. Ca
Anvers
Pl. d'Anvers
Rue du Delta
Lycée J. Decour
Trudaine
Rue Rochechouart
Rue Poissonnière
B.d Magenta
R. A. Paré
Pl. de Roubaix
Rue St. Vincent de Paul
Rue de Dunkerque
Hôpital Fernand W
Rue Demarquay
R. Turgot
Rodier
Bochart de Saron
R. Pétrelle
Rue de Rocroy
Gare du Nord
Pl. Napoléon III
Faubourg St Denis
Magenta
Condorcet
Rue Lentonnet
Rue de la Tour d'Auvergne
Rue Milton
R. de l'Agent Bailly
Rue de Chantilly
R. Sémard
Lycée Lamartine
Rue du Fg Poissonnière
Lycée R. d'Abbeville
St Vincent de Paul
Gare du Nord
R. de St Quentin
Rue d'Alsace
Rue du Perdon-net
Pl. de Valenciennes
Nord - Est (en constr.)
R. de Bellefond
Pl. Franz Liszt
Rue
Lamartine
Sq.re de Montholon
R. de Montholon
Rue La Fayette
Poissonnière
R. Messageries
Chabrol
Marché
Gare de l'Est
Pl. du 11 Nov. 1918
R. Bleue
Cadet
Rue
1
2
3
4
5
6
9

123

A
B
C
1
2
3
4
5
6
Porte de la Chapelle
Porte d'Aubervilliers
Stade de la Porte de la Chapelle
Stade des Fillettes
Rue Charles Hermite
Pl. Skanderbeg
Boulevard Ney
R. d'Aubervilliers
Entrepôts Macdonald
Secteur en Tra
Z. A. Cap 18
R. Gaston Tessier
R. Cu
Pl. P. Mac Orlan
R.d.l. Croix-Moreau
R. Queneau
Tristan Tzara
R. Moussorgsky
R. Tchaikovsky
l'Evangile
Rue de Crimée
Rue Curial
Passage Wattieaux
Rue de l'Ourcq
R. Archereau
Rue Labois Rouillon
L.E.P. du Bâtiment
R. Radiguet
LA VIL
Rue de la Chapelle
R. Jean Cottin
R. des Fillettes
Rue Boucry
Pl. Hébert
R. des Roses
Pl. de Torcy
Rue Marc Séguin
Rue Pajol
Rue Cugnot
Rue de Torcy
R. de la Guadeloupe
R. Buzelin
Passage Desgrais
Rue Mathis
Villa Curial
Pompes Funèbres Municipales
Crimée
Rue Marx Dormoy
Clin. Paris 18
Gare des Marchandises
Rue de Tanger
Marché Riquet
All. d. Orgues de Flandre
R. Duvergier
Imp. des Anglais
Riquet
Rue Riquet
Rue de Rouen
P.ge de Flandre
N. D. des Foyers
Rue du Maroc
Pl. du Maroc
Rue Bellot
R. J. Kablé
R. Pajol
Rue Philippe de Girard
Rue du Département
Rue Caillé
Stalingrad
Av. de Flandre
Quai de la Seine
Bassin de la Villette
R. E. Dehaynin
R. de la Moselle
Laumiè
Boulevard de la Chapelle
La Chapelle
Rue Perdonnet
R. Château Landon
R. Chaudron
Piscine
Sq.re Léon Paris
Place de la Bataille de Stalingrad
Quai de la Loire
Avenue Jean Jaurès
R. Lally Tollendal
Rue Armand Carrel
Lycée H. Bergson
Lycée Techn.
R. Cail
Lycée
R. de l'Aqueduc
R. Louis Blanc
Faubourg Saint Martin
Fayette
Jaurès
Rue de la Villette
Square des Bouleaux
R. Bouret
R. Baste
Bolivar
Avenue Secrétan
Edouard
T.E.P.
Fernand Widal
Rue Demarquay
Magenta
Louis Blanc
R. A. Parodi
Valmy
Canal Saint Martin
Jemmapes
Cité Lepage
Allée Georges Récipon
R. H. Murger
Château Landon
R. P. Dupont
R. E. Varlin
Rue Blanche
R. du Terrage
Pl. Robert Desnos
Sq. A. Hampâthé
Pl. du Colonel Fabien
Colonel Fabien
Rue des Chaufourniers
Mathurin Moreau
Rue Georges
R. Ph. Hecht
Lardennois
Ophtalm
Pl. Raoul Follereau
Rue du 8 Mai 1945
Av. de Verdun
Pl. du 11 Nov. 1918
R. d. E. Martin
L. P. G. Ferrié
Boulevard de la Villette
Vicq d'Azir
R. H. Turot
Rue Simon Bolivar
Atlas
Chaumont

124

10

Porte de La Villette
D
E
F
200 m
Pl. A. Baron
Magenta
Rue Davoust
Av. Edouard Vaillant
Pl. de la Gare Marchandise
Rue Pasteur
Rue du Chemin de Fer
Gare Routière Internationale
Bd Macdonald
Av. de la Pte de la V.
Quai
1
2
3
4
5
6
Porte de La Villette
Galerie Basse
Place du Parvis
Cité des Sciences et de l'Industrie
Maison de la Villette
R. de la Clôture
L.P. Techn. du Cirque
R. du Débarcadère
Rue Danton
Canal
Av. Corentin Cariou
Rue de Cambrai
Corentin Cariou
Canal St Denis
Parc
Géode
Argonaute
de la
Villette
Canal de l'Ourcq
Zénith
Cinaxe
Galerie de la Charente
Galerie de l'Ourcq
Allée du Belvédère
Folie Jazz
Route des Petits Ponts
Maison de Qua
Stade Jules Ladoumègue
Flandre
R. Rouvet
R. de l'Argonne
Quai de la Gironde
Hall de la Chanson
Pl. du Rd-Pt. des Canaux
Galerie de la Villette
Pav. du Charolais
Grande Halle
Bd Sérurier
All. du Zénith
Rue Barbanègre
Rue de Nantes
Quai de l'Oise
Marne
Q. de Metz
Lycée
Thionville
Pavillon P. Delouvrier
Musée
Porte de Pantin
Cité de la Musique
Av. de la Porte de Pantin
Cité Admin.
Théâtre Paris-Villette
Varèse
Av. du Nouveau Conservatoire
Conservat. de Paris
Pl. de la Porte de Pantin
P.te de Pantin
Rue de Grenade
R. de la Marseillaise
Rue des Ardennes
R. Edgar
Sq. du Diapason
Rue Delesseux
R. A. Mille
R. Léon Giraud
R. Evette
P.ge de Thionv.
Av. Jean Jaurès
Ourcq
R. G. Thill
Rue du Hainaut
Rue Eugène Jumin
Sente des Dorées
Allée A. Honegger
Lyc.
Rue Petit
Av. de la Porte Chaumont
Bd d'Indochine
R. du Noyer Durand
Rue de Lunéville
Rue
R. de Lorraine
R. A. Danjon
Cim. de la Villette
Rue Goubet
Milhaud
Bd Manin
R. des Carrières d'Amérique
Rue de Toulouse
Ambroise Rendu
Darius
Pl. Francis Poulenc
Allée
Rue de la Solidarité
Rue d'Alsace-Lorraine
R. G. Pinot
R. de la Prévoyance
Av. de la Porte Brunet
Porte Brunet
Rue Meynadier
Rue du Rhin
Av. Laumière
Pl. A. Carrel
Rue Manin
Rue David d'Angers
Rue Brunet
R. F. Ponge
Lyc.
Square de la Butte du Chap. Rouge
Danube
Rue d'Hautpoul
R. M. Hidalgo
Gal
R. de la Liberté
V.a du Progrès
R. de l'Egalité
Rue de Mouzaia
Bd Sérurier
Parc des Buttes Chaumont
Botzaris
Rue de Crimée
R. de Bellevue
Rue E. Cotton
Rue des Lilas
Buttes Chaumont
Rue Botzaris
R. Hassard
Réservoirs des Buttes Chaumont
Rue des Alouettes
Rue de la Villette
R. des Annelets
R. Arthur Rozier
Rue Compans
R. des Bois
Rue St Gervais
R. E. Desvaux
R. du Docteur Potain
Coll. G. Bude
Lycée Hôtelière
Rue du Plateau
Rue Carducci
Rue des Solitaires
Rue Fessart
Rue Pradier
Pl. des Fêtes
R. L. Thuliez
Pré
Rue de Bellevue
119
125

114
A
B
C
1
2
3
4
5
6
Porte Maillot
TERNES
Argentine
Ch. de Gaulle Étoile
Place Charles de Gaulle
Arc de Triomphe
Av. de la Grande Armée
Avenue Foch
Av. de Malakoff
Pergolèse
R. Duret
R. le Sueur
Rue Chalgrin
Square du Roule
St Joseph
Ch. de Gaulle
Étoile
R. Lord Byron
Avenue Marceau
Avenue Kléber
Avenue d'Iéna
Kléber
Victor Hugo
Pl. Victor Hugo
Av. Victor Hugo
Av. Raymond Poincaré
R. Bugeaud
R. Copernic
Réservoir de Passy
Centre de Conférences Internationales
Clin. V.Hugo
R. Lauriston
R. Galilée
R. Euler
R. Bassano
Pl. H. Dunant
R. Quentin
Pl. de l'Uruguay
R. A. Vacquerie
R. J. Giraudoux
CHAILLOT
St Pierre de Chaillot
Clin. Bizet
Pl. Amiral de Grasse
R. de Chaillot
R. G. Bizet
Pl. des Etats-Unis
Lycée Assomption
Boissière
R. Boissière
R. Cimarosa
Nouv. Église St Honoré d'Eylau
St Honoré d'Eylau
Sap. Pompiers
Marché
R. Saint Didier
Caserne
R. des Sablons
Pl. de Mexico
Rue de Longchamp
R. Hamelin
R. Lübeck
Pl. M. Dietrich
Musée Guimet
Av. Pierre 1er de Serbie
St Etienne
Pl. P. Brisson
R. Freycinet
Palais Galliera
Av. du Prés. Wilson
Pl. de Tokyo
Palais de Tokyo
Musée d'Art Moderne
Pl. d'Iéna
Iéna
Trocadéro
Union de l'Europe Occidentale
Conseil Economique et Social
R. Fresnel
Av. G. Mandel
Place du Trocadéro et du 11 Novembre
Cimetière de Passy
Pl. José Marti
Palais de Chaillot
Mus. du Cinéma
Mus. de la Marine
Jardins du Trocadéro
Av. des Nations Unies
Av. de New York
Debilly
Passerelle Debilly
Pt de l'Alma
Excurs. en bateau
Quai Branly
Musée des Arts Premiers Quai Branly
Port de la Bourdonnais
Pl. de Varsovie
Excursion en bateau
Pont d'Iéna
Av. Paul Doumer
R. Pétrarque
R. Scheffer
R. Vineuse
R. Franklin
Le Tasse
R. Le Nôtre
École
Bd Delessert
Pl. de Costa Rica
Musée du Vin
Passy
R. de Passy
R. Raynouard
Av. Kennedy
Port de Passy
Port de Suffren
Tour Eiffel
Av. G. Eiffel
Parc du Champ de Mars
Stade E. Anthoine
Piscine
Pl. d'Australie
Datar
Pl. Jacques Rueff
Av. Rapp
R. de Monttessuy
Pl. du Général Gouraud
Av. E. Reclus
Av. Bouvard
Av. Charles Floquet
Av. de Suffren
Av. C. Risler
Pl. de Kyoto
Bir Hakeim
Pont de Bir Hakeim
Boulevard de Grenelle
Quai de Grenelle
Allée des Cygnes
Av. du Président Kennedy
Maison H. de Balzac
Place de Bolivie
T.E.P.
Direction Journaux Officiel
R. St Saëns
R. Desaix
Rue de la Fédération
Cité de Imp. Presles
R. Edgar Faure
R. Nélaton
R. Dupleix
126

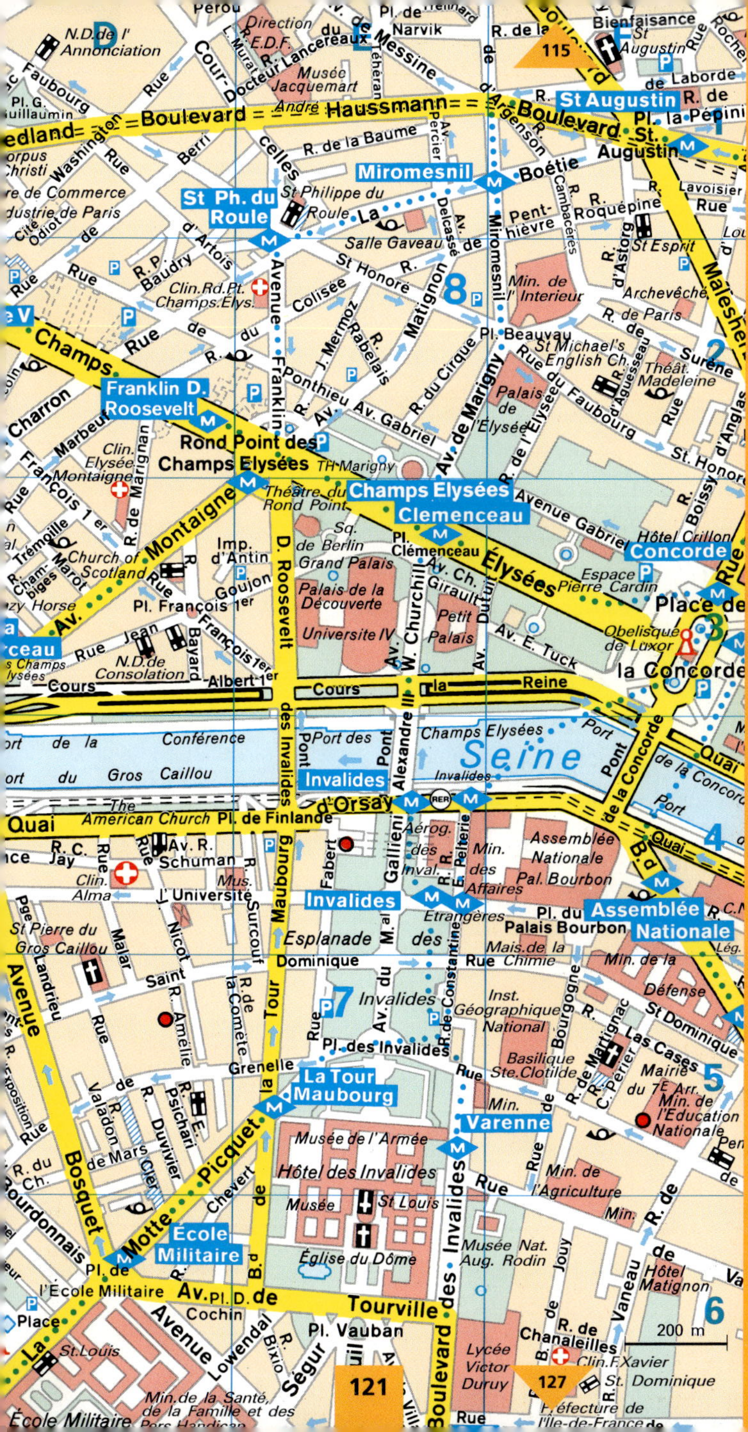
115
N.D. de l'Annonciation
Direction E.D.F.
Musée Jacquemart André
Boulevard Haussmann
Boulevard
St Augustin
Pl. St. Augustin
R. de Laborde
R. de la Pépinière
R. de la Baume
Miromesnil
Boétie
St Ph. du Roule
St Philippe du Roule
Salle Gaveau
R. Roquépine
St Esprit
R. Lavoisier
Malesherbes
Clin.Rd.Pt. Champs.Elys.
Colisée
St Honoré
Matignon
8
Min. de l'Interieur
Archevêché
R. de Paris
Pl. Beauvau
St Michael's English Ch.
Théât. Madeleine
2
Surène
Champs
Franklin D. Roosevelt
Rond Point des Champs Elysées
Ponthieu
Av. Gabriel
R. du Cirque
Av. de Marigny
Palais de l'Élysée
R. du Faubourg St. Honoré
Charron
Marbeuf
Clin. Elysée Montaigne
TH Marigny
Théâtre du Rond Point
Champs Elysées Clemenceau
Avenue Gabriel
Hôtel Crillon
Concorde
Av. Montaigne
Church of Scotland
Imp. d'Antin
Sq. de Berlin
Pl. Clémenceau
Grand Palais
Palais de la Découverte
Universite IV
Petit Palais
Av. W. Churchill
Av. Dutuit
Av. Ch. Girault
Élysées
Espace Pierre Cardin
Place de la Concorde
Obelisque de Luxor
3
Av. E. Tuck
Goujon
Pl. François 1er
Rue François 1er
Rue Jean Goujon
N.D. de Consolation
Bayard
Cours Albert 1er
Cours la Reine
D. Roosevelt
Port de la Conférence
Port du Gros Caillou
Pont des Invalides
Port des Invalides
Pont Alexandre III
Champs Elysées
Seine
Invalides
Pont de la Concorde
Quai de la Concorde
Port
The American Church
Pl. de Finlande
Quai d'Orsay
RER
Aérog. des Inval.
4
Assemblée Nationale
Pal. Bourbon
Min. des Affaires Étrangères
Av. R. Schuman
R. C. Jay
Clin. Alma
Mus.
Rue de l'Université
Invalides
Esplanade des Invalides
Pl. du Palais Bourbon
Assemblée Nationale
Mais. de la Chimie
St Pierre du Gros Caillou
Malar
Nicot
Surcouf
Rue St Dominique
Min. de la Défense
Avenue
Landrieu
R. Amélie
R. de la Comète
Tour Maubourg
7
Invalides
R. de Constantine
Inst. Géographique National
Bourgogne
Pl. des Invalides
Basilique Ste.Clotilde
Las Cases
Mairie du 7e Arr.
5
Min. de l'Education Nationale
Grenelle
La Tour Maubourg
Varenne
Valadon
Psichari
R. E. Cler
Duvivier
Musée de l'Armée
Hôtel des Invalides
Musée
St Louis
Min. de l'Agriculture
Église du Dôme
Bosquet
Motte Picquet
Chevert
École Militaire
Pl. de l'École Militaire
Av. de Tourville
Musée Nat. Aug. Rodin
Hôtel Matignon
Vaneau
6
Cochin
Pl. Vauban
Lowendal
Ségur
Bixio
Boulevard des Invalides
200 m
R. de Chanaleilles
Lycée Victor Duruy
Clin.F.Xavier
St. Dominique
Préfecture de l'Ile-de-France
Place
St.Louis
Min.de la Santé, de la Famille et des
École Militaire
121
127

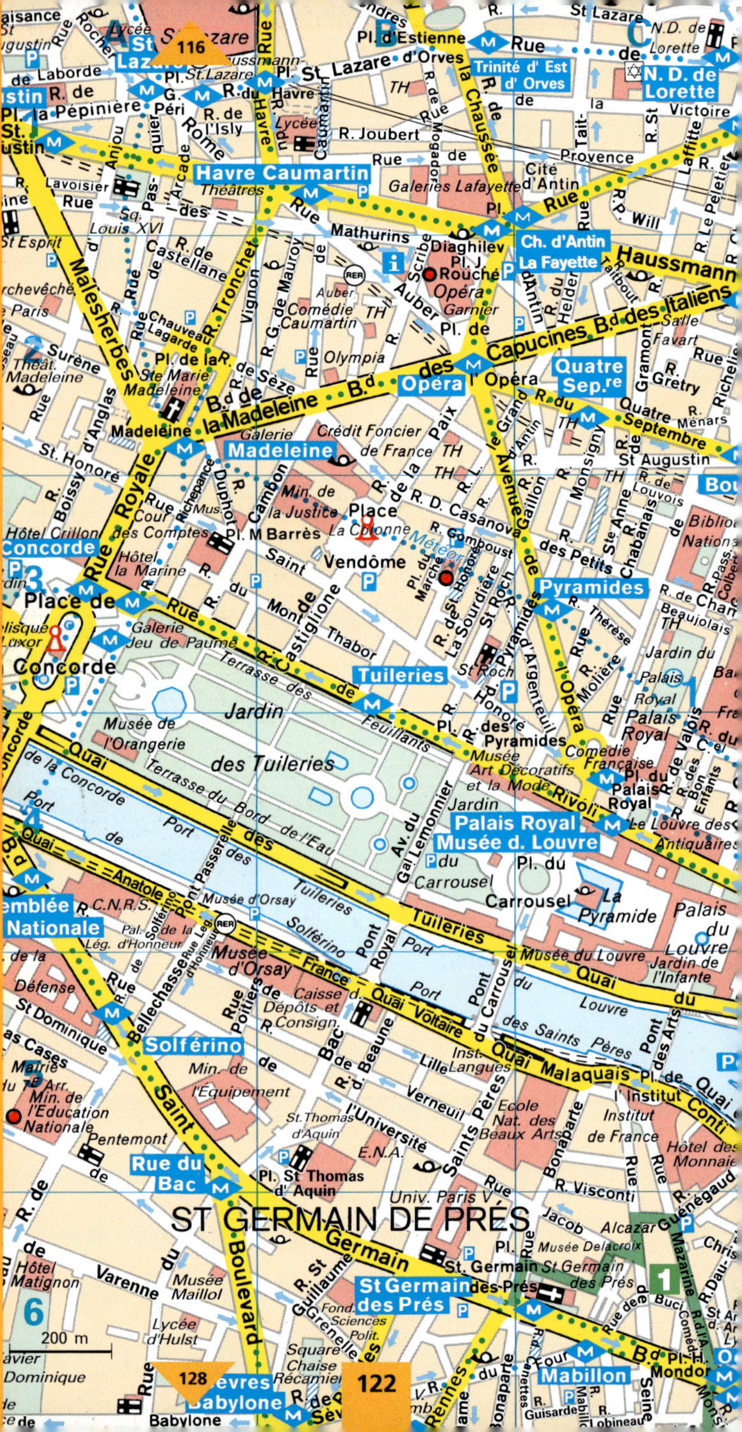

116
128
A
B
C
1
2
3
4
5
6
St Lazare
Pl. d'Estienne d'Orves
Trinité d' Est d' Orves
N. D. de Lorette
Havre Caumartin
Galeries Lafayette
Cité d'Antin
Ch. d'Antin La Fayette
Haussmann
Diaghilev
Pl. J. Rouché
Opéra Garnier
Auber
Comédie Caumartin
Olympia
Bd des Capucines
Bd des Italiens
Opéra
Quatre Sep.re
Rue du Quatre Septembre
Malesherbes
R. Tronchet
Vignon
Pl. de la Madeleine
Ste Marie Madeleine
Bd de la Madeleine
Madeleine
Crédit Foncier de France
St Augustin
Rue Royale
St. Honoré
Boissy d'Anglas
Hôtel Crillon
Concorde
Cour des Comptes
Pl. M Barrès
Min. de la Justice
Place Vendôme
La Colonne
Météor
R. D. Casanova
R. Gomboust
des Petits Champs
Pyramides
Tuileries
St Roch
Place de la Concorde
Galerie Jeu de Paume
Hôtel la Marine
Rue de Rivoli
Mont Thabor
Castiglione
Terrasse des Feuillants
Jardin des Tuileries
Musée de l'Orangerie
Terrasse du Bord de l'Eau
Pl. des Pyramides
Musée Art Décoratifs et la Mode
Comédie Française
Pl. du Palais Royal
Jardin du Palais Royal
Palais Royal Musée d. Louvre
Pl. du Carrousel
La Pyramide
Palais du Louvre
Jardin de l'Infante
Quai des Tuileries
Quai du Louvre
Quai de la Concorde
Port de la Concorde
Port des Tuileries
Port Solférino
Pont Royal
Pont du Carrousel
Pont des Arts
Passerelle
Quai Anatole France
Assemblée Nationale
C.N.R.S.
Pal. de la Lég. d'Honneur
Musée d'Orsay
Solférino
Caisse d. Dépôts et Consign.
Quai Voltaire
Quai Malaquais
Quai de Conti
Pl. de l'Institut
Institut de France
Hôtel des Monnaie
Ecole Nat. des Beaux Arts
Inst. Langues
Min. de l'Équipement
Min. de l'Education Nationale
Mairie du 7e Arr.
St Dominique
Las Cases
Bellechasse
Rue du Bac
Pl. St Thomas d' Aquin
St. Thomas d'Aquin
Rue de l'Université
E.N.A.
Verneuil
Lille
Rue de Beaune
Saints Pères
Bonaparte
R. Visconti
Univ. Paris V
ST GERMAIN DE PRÉS
Boulevard Saint Germain
Jacob
Musée Delacroix
St. Germain des-Prés
St Germain des Prés
Alcazar
Guénégaud
Mazarine
Buci
Mabillon
Hôtel Matignon
Varenne
Musée Maillol
Lycée d'Hulst
Square Chaise Récamier
Fond. Sciences Polit.
Grenelle
Sèvres Babylone
Babylone
Pentemont
200 m

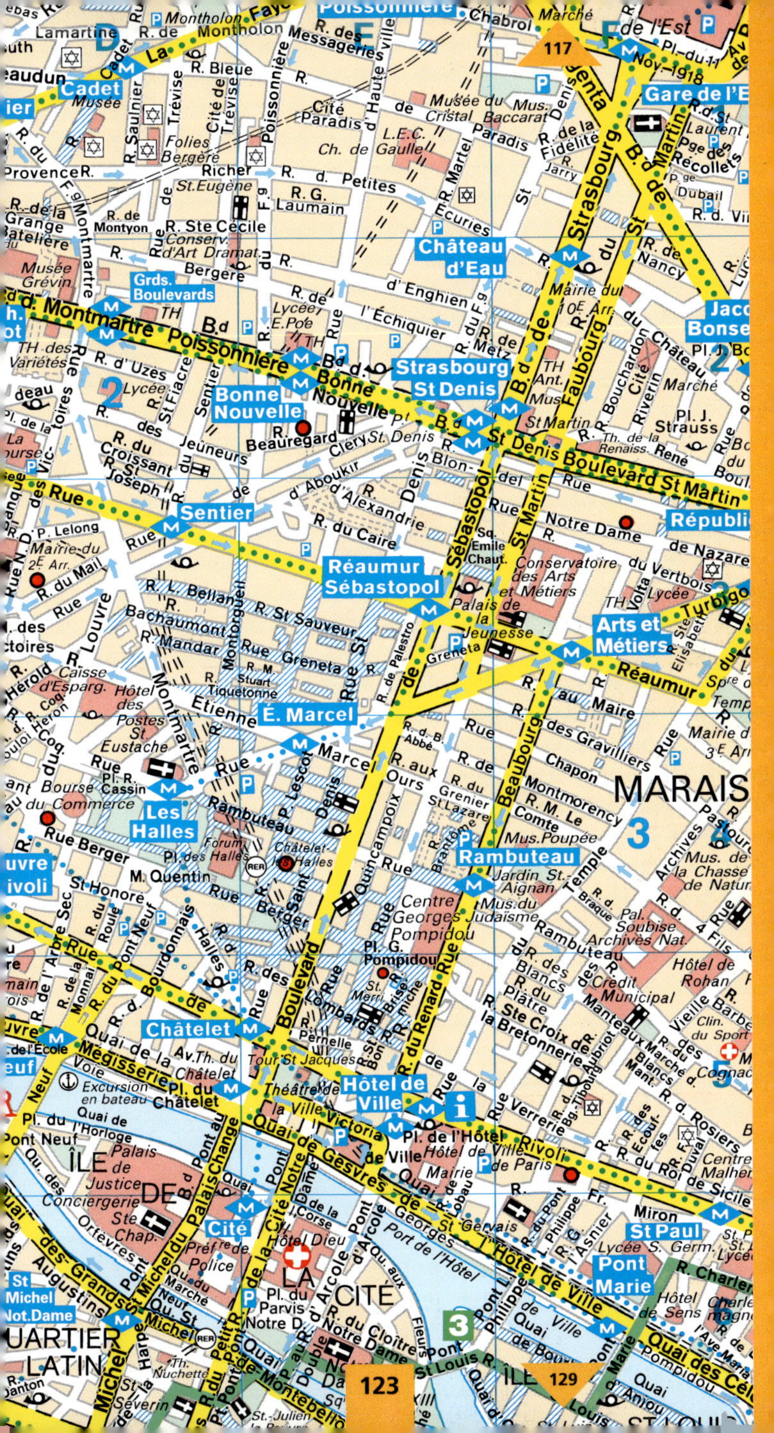

117
Gare de l'Est
Cadet
Château d'Eau
Grds. Boulevards
Bd. Montmartre
Poissonnière
Bonne Nouvelle
Strasbourg St Denis
Bd. de Strasbourg
Boulevard St Martin
République
Sentier
Réaumur Sébastopol
Arts et Métiers
Conservatoire des Arts et Métiers
É. Marcel
Les Halles
Rambuteau
Centre Georges Pompidou
MARAIS
Châtelet
Hôtel de Ville
Rue de Rivoli
St Paul
Pont Marie
Cité
ÎLE DE LA CITÉ
St Michel Not.Dame
QUARTIER LATIN
Quai de Gesvres
Quai de l'Hôtel de Ville
123
129

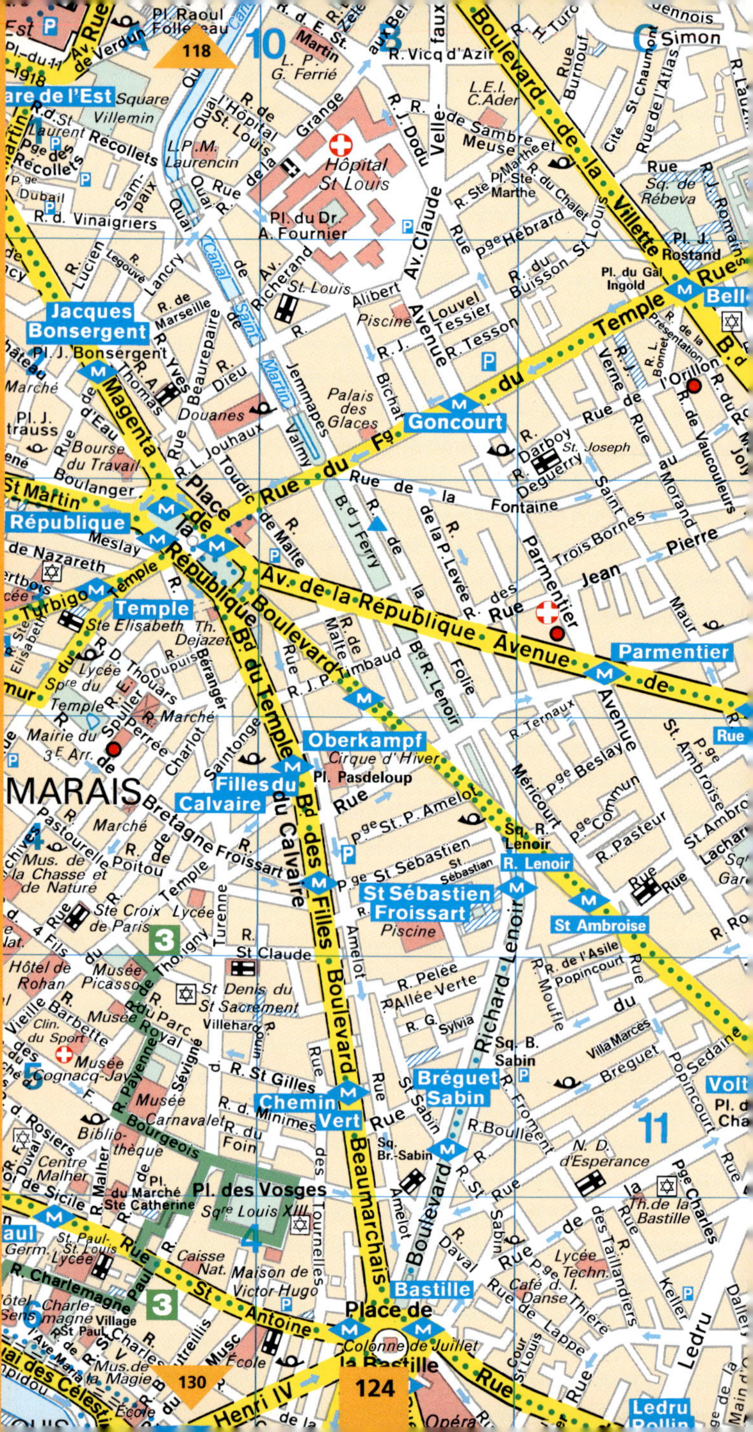
118
10
B
C
Gare de l'Est
Pl. du 11 Nov. 1918
Av. de Verdun
Pl. Raoul Follereau
R. Vicq d'Azir
L.E.I. C.Ader
Boulevard de la Villette
R. Burnouf
Simon
Rue de l'Atlas
R. St Laurent
Pge des Récollets
Square Villemin
Recollets
L.P.M. Laurencin
Quai de Jemmapes
Quai de Valmy
R. Grange
Hôpital St Louis
Pl. du Dr. A. Fournier
R. de Sambre et Meuse
Pl. Ste Marthe
R. Ste Marthe
R. du Chalet
Rue Sq. de Rébeva
Pl. J. Rostand
R. Dubail
R. d. Vinaigriers
R. Lucien
R. Legouvé
R. Lancry
R. de Marseille
Canal Saint Martin
Av. Richerand
Av. Claude Vellefaux
R. Alibert
Piscine
Avenue
R. Louvel Tessier
R. Tesson
R. Bichat
Pge Hébrard
R. du Buisson St. Louis
Pl. du Gal Ingold
R. de la Présentation
R. Bonnet
l'Orillon
R. de Vaucouleurs
Jacques Bonsergent
Pl. J. Bonsergent
Château d'Eau
Marché
R. Yves Toudic
R. Beaurepaire
R. Dieu
Douanes
Rue Jemmapes
Palais des Glaces
Goncourt
Rue du Temple
Rue du Fg du Temple
Belleville
Pl. J. Strauss
Bourse du Travail
Magenta
R. L. Jouhaux
Rue de la Fontaine au Roi
R. Darboy
R. Deguerry
St. Joseph
Rue Saint Maur
Rue Morand
Rue Jean Pierre Timbaud
Boulanger
St Martin
République
Place de la République
Meslay
de Nazareth
Turbigo
Temple
Ste Elisabeth
Th. Dejazet
R. Béranger
R. Dupuis
Lycée
Spre du Temple
R. E. Spuller
R. Perrée
R. Charlot
Mairie du 3E Arr.
Bd du Temple
Boulevard du Temple
R. de Malte
Bd J Ferry
R. de la P. Levée
R. Folie Méricourt
Trois Bornes
Parmentier
Av. de la République
Avenue de la République
Bd R. Lenoir
R. J. P. Timbaud
R. Ternaux
Avenue Parmentier
Pge Beslay
Pge St Ambroise
Pge Commun
R. Pasteur
St. Ambroise
Lacharrière
Sq. Gardette
Rue
Oberkampf
Cirque d'Hiver
Pl. Pasdeloup
Filles du Calvaire
Bd des Filles du Calvaire
R. Saintonge
MARAIS
Bretagne
Marché
R. Pastourelle
R. de Poitou
Mus. de la Chasse et de Nature
R. Froissart
Pge St. P. Amelot
Pge St Sébastien
St. Sébastien
Sq. R. Lenoir
R. Lenoir
St Sébastien Froissart
St Ambroise
Piscine
Ste Croix de Paris
Lycée
Turenne
R. du Temple
R. des 4 Fils
Hôtel de Rohan
Musée Picasso
R. de Thorigny
R. St Claude
St Denis du St Sacrement
R. Villehardouin
R. Amelot
R. Pelée
Allée Verte
R. G. Sylvia
Bd Richard Lenoir
R. de l'Asile Popincourt
R. Moufle
Rue du Chemin Vert
R. Vieille du Temple
R. Barbette
Musée du Parc Royal
Clin. du Sport
Musée Cognacq-Jay
R. Payenne
R. de Sévigné
R. St Gilles
Musée Carnavalet
R. d. Minimes
R. du Foin
Chemin Vert
Sq. B. Sabin
Bréguet Sabin
Villa Marcès
Bréguet
Sedaine
Popincourt
Volta
Pl. de Charonne
Rue St Sabin
R. Froment
R. Boulle
R. des Rosiers
Biblio-thèque
R. F. Bourgeois
Centre Malher
R. Malher
R. de Sévigné
Pl. du Marché Ste Catherine
Pl. des Vosges
Sqre Louis XIII
R. des Tournelles
Boulevard Beaumarchais
Sq. Br.-Sabin
Rue Amelot
Boulevard Richard Lenoir
R. Daval
N. D. d'Espérance
11
Th. de la Bastille
Pge Charles Dallery
Rue de Sicile
St Paul
R. St Paul
St. Paul-St. Louis
Lycée
R. Charlemagne
Caisse Nat.
Maison de Victor Hugo
Bastille
Place de la Bastille
Colonne de Juillet
R. St Antoine
Rue de Lappe
Café d. l. Danse
Pge Thière
Lycée Techn.
R. des Taillandiers
Rue Keller
Ledru Rollin
Hôtel de Sens
Charlemagne Village St Paul
R. Ave Maria
Quai des Célestins
Mus. de la Magie
École
Musc
Bd Henri IV
130
124
Opéra
Rue de la Roquette
Cour St Louis
Rue du Fg St Antoine

BELLEVILLE
Rue des Solitaires
Fessart
Pl. des Fêtes
Jourdain
Télégraphe
Belleville
Lycée Hôtelière
Cim. de Belleville
E.R.E.A. J.Jaures
Bolivar
Rébeval
Pyrénées
Pl. Fréhel
R. F. Lemaître
Olivier
R. Ch. Friedel
R. d. Pavillons
Pelleport
Télégraphe
Rue des Envierges
Rue du Transvaal
R. des Couronnes
la Mare
Ramponeau
Tourtille
Parc de Belleville
Julien Lacroix
R. Vilin
R. Bisson
l'Ermitage
Métra
Rigoles
Pixérécourt
R. de la Duée
Sq. de Ménilmontant
R. de l'Est
V. de l'Ermitage
Cascades
Couronnes
Allée G. Rouault
R. J. Lacroix
N.D. de la Croix
R. Chevreau
Pl. de Ménilmontant
Ménilmontant
Square Pierre Seghers
Jakubowicz
R. H.
R. des Maronites
R. Étienne Dolet
P. M. Chevalier
R. L. Savart
Rue du Retrait
Boyer
d'Annam
Villiers
Rue de l'Isle Adam
Panoyaux
Sq. E. Borey
Rue de la Sorbier
Ménilmontant
Oberkampf
Piscine
R. des
R. L. Delgrès
R. Max Ernst
Pl. H. Matisse
Lycée M. Nadaud
R. T. Bidassoa
Gambetta
Pl. Gambetta
Rue des Cendriers
Pge de Ménilmontant
R. des Bluets
R. des Nanettes
Ec. Sup. de Com.
Av. J. Aicard
Rue de Tlemcen
Duris
des Amandiers
R. des Partants
R. Robineau
Th. Nat. de la Colline
Lycée Voltaire
R. Houdart
R. F. Léger
Pl. M. Nadaud
Landrin
Pyrénées
République
Avenue
Sq. Samuel Champlain
Crématorium
R. E.
Rue des Rondeaux
Ramus
Père Lachaise
Vert
Cimetière du Père Lachaise
P. Dudouy
C. Joly
Saint
R. O. Talon
Duranti
T.E.P.
Pge de la Folie Regnault
Ménilmontant
R. du Morvan
Rue
Square de la Roquette
Servan
Merlin
Folie
Roquette
Philippe Auguste
Repos
Lycée Ch. de Gaulle
R. C. Desmoulins
Maur
Pétion
Pl. L. Blum
Rue Mail-lard
R. Gerbier
Regnault
R. de Mt. Louis
R. de la Folie Regnault
Boulevard
C. Aubrey
V. Riberolle
Ligner
R. de Sagnolet
Sqre de Monsoreau
R. Mercœur
R. de Belfort
St. Euthème
Clin. Montlouis
Imp. C. Mainguet
Léon
Lepeu
Square de la Folie Regnault
Piscine
Charonne
Alexandre Dumas
R. Planchat
R. Mt Cristo
R. Richard Lenoir
Godefroy Cavaignac
R. Gobert
Cité de Phalsbourg
R. E.
R. de Nice
Passage
R. Ret S. Delaunay
Jardin Damia
Lycée Dorian
Duma
Neuve
Charonne
R. J. Vallès
R. Neuve des Boulets
Jardin Émile Gallé
Frot
Imp. Delépine
Philippe
du Bureau
Alexandre
R. de Terre
Ste Marguerite
R. J. Macé
Chanzy
Faidherbe
Rue des Boulets
Voltaire
A. Dumas
Avron
200 m
1
2
3
4
5
6
D
E
F
119
131

120
126
A
B
C
1
2
3
4
5
6
15
GRENELLE
Dupleix
La Motte Picquet Grenelle
Charles Michels
Av. É. Zola
Commerce
Place du Commerce
Félix Faure
Boucicaut
Lourmet
Convention
P.te de Versailles
Porte de la Plaine
Place de Brazzaville
Place Dupleix
Place St Charles
Sq. Pablo Casals
Piscine
Musée Kwok On
L. P. Beaugrenelle
N.D. de Grace
L.T.I.
Lycée Tech.
Théâtre
Lycée
Pl. M. Cerdan
Pl. Ch. Michels
Pl. Violet
Sq.re Violet
Ste-Nina
Pl. Hubert
Monmarché
Mairie 15.E A.
Square St Lambert
St Jean de Dieu
Cim. de Vaugirard
Jardin Pavois
Lycée Tech. Louis Armand
Hôpital St Michel
Vaugirard
N.D. de la Salette
Objets Trouvés
Four Municipale
Parc Georges Brassens
Théâtre Silvia Monfort
Sq. des Périchaux
Sq. du Dr. Calmette
Sq. des Varennes
Paris Expo
Palais des Sports
Paris des Expositions
Pl. A. Gordini
P.te de Plaisance
Av. de l'Industrie
Av. du Commerce
Av. E. Martel
Rue de la Banque
Rue de la Recherche
Porte de la Plaine
Av. de la Porte de la Plaine
Av. Émile Zola
Rue de Grenelle
Bd. de Grenelle
Av. de Suffren
Av. de la Motte Picquet
Rue Dupleix
Rue Frémicourt
Rue du Commerce
Rue du Théâtre
Rue des Entrepreneurs
Rue de la Croix Nivert
Rue Lecourbe
Rue de la Convention
Rue de Vaugirard
Bd. Victor
Boulevard Lefebvre
Rue de Javel
Av. Félix Faure
Rue Saint Charles
Rue Linois
Rue Rouelle
Rue Lourmel
Rue Fallempin
Rue Viala
Rue Violet
Rue Tiphaine
Rue Nadaud
Rue Letellier
Rue Fondary
Rue Lakanal
Rue Péclet
Rue Blomet
Rue Desnouettes
Rue de Dantzig
Rue Olivier de Serres
Rue Vaugelas
Rue Lacretelle
Rue Firmin Gillot
Rue des Périchaux
Rue Albert
Rue Bartholomé
Bd. Port d'Issy les Moulineaux
Quai
Rue du Quatre Septembre
Rue E. Renan
Av. E. Renan
Oradour sur Glane
Thoréton
Rue de Gama
Rue Olier
Rue Nivert
Rue Mademoiselle
Rue Cambronne

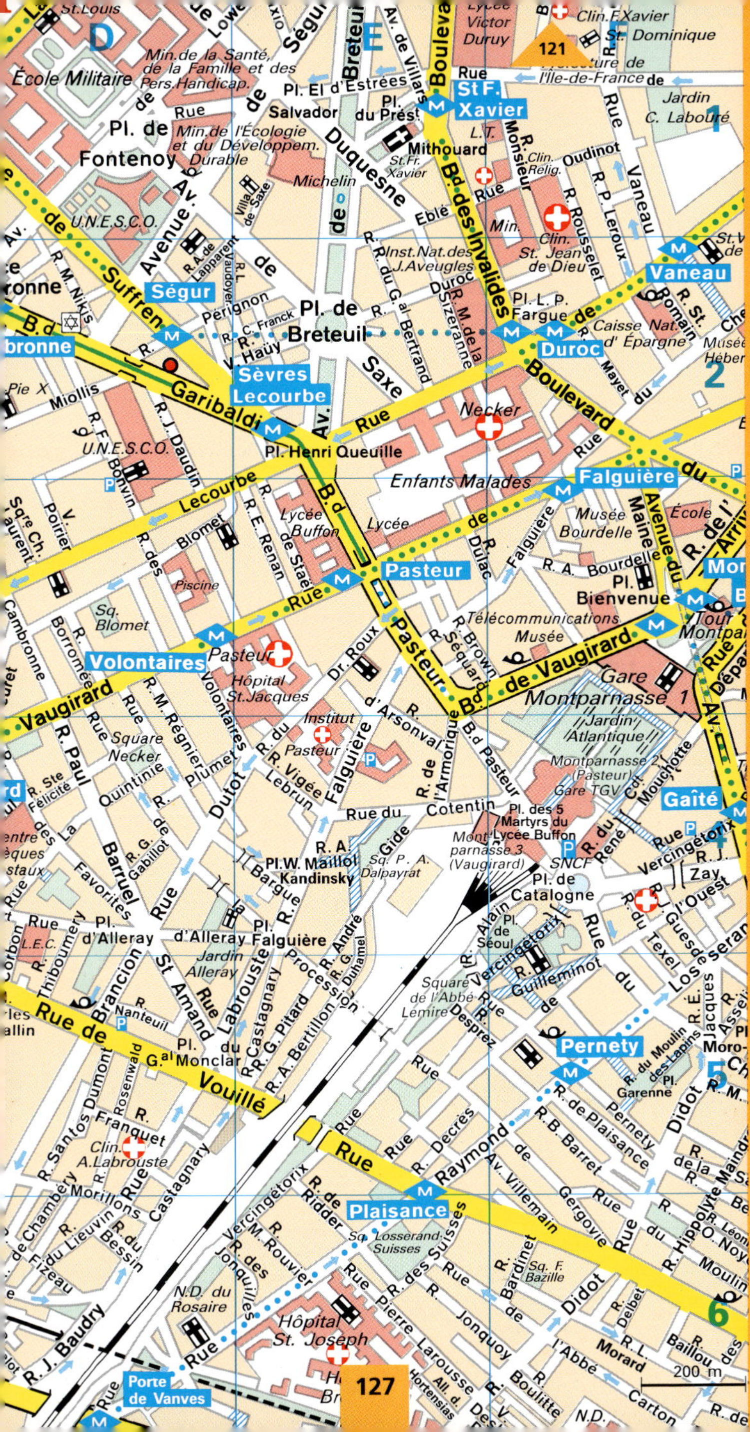

D
E
F
121
École Militaire
Min. de la Santé, de la Famille et des Pers. Handicap.
Pl. de Fontenoy
Min. de l'Écologie et du Développem. Durable
Pl. El d'Estrées
Pl. du Prést Mithouard
St F. Xavier
Lycée Victor Duruy
Clin. F. Xavier
St. Dominique
Jardin C. Labouré
Michelin
U.N.E.S.C.O.
Ségur
Pl. de Breteuil
Inst. Nat. des J. Aveugles
Clin. St. Jean de Dieu
Vaneau
Duroc
Pl. L. P. Fargue
Caisse Nat. d'Épargne
Musée Hébert
Sèvres Lecourbe
Bd. Garibaldi
Necker
Enfants Malades
Pl. Henri Queuille
Falguière
Musée Bourdelle
Lycée Buffon
Pasteur
Pl. Bienvenue
Piscine
Sq. Blomet
Volontaires
Hôpital St. Jacques
Institut Pasteur
Télécommunications Musée
Bd. de Vaugirard
Gare Montparnasse 1
Jardin Atlantique
Montparnasse 2 (Pasteur) Gare TGV
Gaîté
Pl. des 5 Martyrs du Lycée Buffon
Montparnasse 3 (Vaugirard)
SNCF
Pl. de Catalogne
Square Necker
Pl. W. Maillol Kandinsky
Sq. P. A. Dalpayrat
Pl. d'Alleray
Jardin Alleray
Pl. Falguière
Pl. de Séoul
Square de l'Abbé Lemire
Pernety
Pl. Garenne
Moro-Giafferi
Pl. Gal Monclar
Rue de Vouillé
Clin. A. Labrouste
Plaisance
Sq. Losserand-Suisses
Sq. F. Bazille
N.D. du Rosaire
Hôpital St. Joseph
Porte de Vanves
200 m
1
2
5
6
127

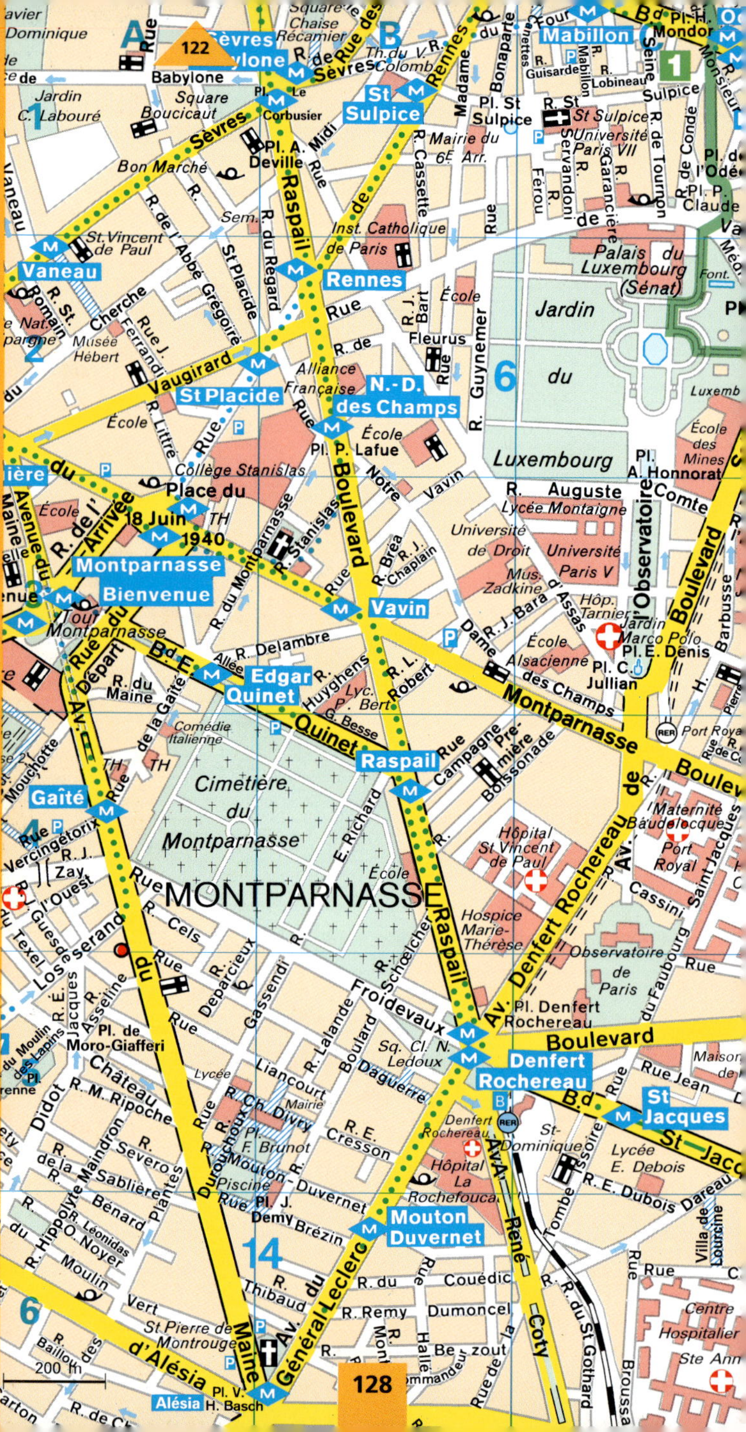

MONTPARNASSE
Sèvres Babylone
Babylone
Square Boucicaut
Jardin C. Labouré
Bon Marché
Pl. Le Corbusier
Pl. A. Deville
Square Chaise Récamier
Th. du V. Colombier
St Sulpice
Pl. St Sulpice
St Sulpice
Mairie du 6E Arr.
Mabillon
Pl. H. Mondor
Université Paris VII
Pl. de l'Odéon
Pl. P. Claudel
Inst. Catholique de Paris
Palais du Luxembourg (Sénat)
Jardin du Luxembourg
Font. Médicis
St Vincent de Paul
Vaneau
Rennes
Musée Hébert
Vaugirard
St Placide
Alliance Française
N.-D. des Champs
École
Pl. P. Lafue
Collège Stanislas
Place du 18 Juin 1940
Montparnasse Bienvenue
Tour Montparnasse
Avenue du Maine
R. de l'Arrivée
Rue du Départ
Vavin
Lycée Montaigne
Université de Droit
Université Paris V
Mus. Zadkine
Pl. A. Honnorat
École des Mines
Auguste Comte
Boulevard de l'Observatoire
Hôp. Tarnier
Jardin Marco Polo
Pl. E. Dénis
Pl. C. Jullian
École Alsacienne
Boulevard du Montparnasse
Notre Dame des Champs
Edgar Quinet
Bd. E. Quinet
R. Delambre
Lyc. P. Bert
R. L. Robert
Comédie Italienne
Raspail
Boulevard Raspail
Campagne Première
Boissonade
Port Royal
Maternité Baudelocque
Hôpital St Vincent de Paul
Cimetière du Montparnasse
Gaîté
Rue Vercingétorix
R. du Maine
Rue de la Gaîté
Rue Froidevaux
Hospice Marie-Thérèse
Observatoire de Paris
Av. Denfert Rochereau
Cassini
Rue du Faubourg Saint Jacques
Pl. Denfert Rochereau
Denfert Rochereau
Sq. Cl. N. Ledoux
Daguerre
Boulevard St Jacques
St Jacques
Lycée E. Dubois
R. E. Dubois
St-Dominique
Hôpital La Rochefoucauld
Mouton Duvernet
Rue Mouton-Duvernet
Pl. de Moro-Giafferi
Rue du Château
R. M. Ripoche
Didot
Rue Losserand
R. Asseline
Lycée
Mairie
Pl. F. Brunot
Piscine
Rue Liancourt
Pl. J. Demy
R. Brézin
Av. du Général Leclerc
Av. René Coty
Rue d'Alésia
Alésia
Pl. V. H. Basch
Rue du Couëdic
R. Remy Dumoncel
R. Hippolyte Maindron
R. Bénard
R. du Moulin Vert
St Pierre de Montrouge
R. du St Gothard
Centre Hospitalier Ste Anne
Villa de Lourcine
R. Dareau
R. de la Tombe Issoire
200 m
A
B
C
1
2
3
4
6
14
122

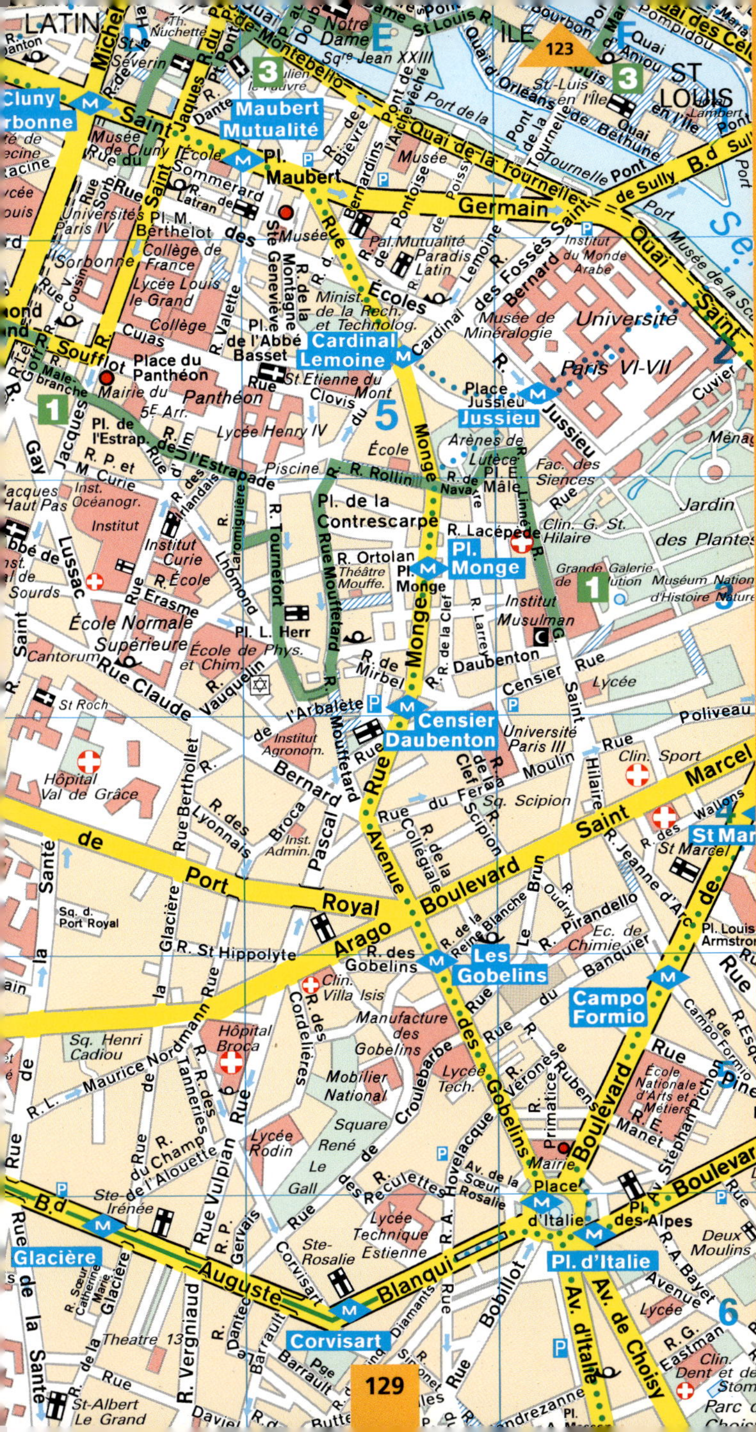

LATIN
123
ÎLE
ST LOUIS
Cluny Sorbonne
Maubert Mutualité
Pl. Maubert
Notre Dame
Sq. Jean XXIII
Quai de Montebello
St-Séverin
Quai de la Tournelle
Quai d'Orléans
St-Louis en l'Île
Quai de Béthune
Quai d'Anjou
Hôtel Lambert
Bd Saint Germain
Pont de Sully
Bd de Sully
Port de la Tournelle
Musée de Cluny
Rue du Sommerard
Universités Paris IV
Pl. M. Berthelot
Collège de France
Lycée Louis le Grand
Sorbonne
Collège
Cujas
Musée
Pal. Mutualité
Paradis Latin
Minist. de la Rech. et Technolog.
Rue des Écoles
Rue de la Montagne Ste Geneviève
Institut du Monde Arabe
Quai Saint Bernard
Musée de la Sculpture
Rue des Fossés Saint Bernard
Musée de Minéralogie
Université Paris VI-VII
Pl. de l'Abbé Basset
Cardinal Lemoine
Rue Cardinal Lemoine
R. Soufflot
Place du Panthéon
Mairie du 5e Arr.
Panthéon
St Etienne du Mont
Rue Clovis
Place Jussieu
Jussieu
R. Cuvier
Rue Jussieu
Lycée Henry IV
R. Malebranche
Pl. de l'Estrap.
Rue de l'Estrapade
R. P. et M. Curie
Inst. Océanogr.
Institut
Institut Curie
R. d'Ulm
R. des Irlandais
Piscine
R. Rollin
École
Arènes de Lutèce
Pl. E. Mâle
R. de Navarre
Fac. des Siences
Ménagerie
Jardin des Plantes
Pl. de la Contrescarpe
R. Lacépède
Clin. G. St. Hilaire
R. Linné
R. Ortolan
Théâtre Mouffe.
Pl. Monge
Grande Galerie de l'Évolution
Muséum National d'Histoire Naturelle
Rue Gay Lussac
R. St Jacques
R. Laromiguière
R. Lhomond
R. Tournefort
Rue Mouffetard
R. Erasme
R. École
École Normale Supérieure
Pl. L. Herr
École de Phys. et Chim.
Institut Musulman
R. de la Clef
R. Larrey
R. Daubenton
R. de Mirbel
Rue Monge
Rue Censier
Lycée
Cantorum
Rue Claude Bernard
R. Vauquelin
St Roch
R. de l'Arbalète
Censier Daubenton
Université Paris III
Rue Poliveau
Institut Agronom.
Hôpital Val de Grâce
Rue Berthollet
R. des Lyonnais
Broca
Inst. Admin.
Pascal
Avenue des Gobelins
Rue du Fer à Moulin
R. de la Clef
R. Scipion
Sq. Scipion
Clin. Sport
Rue Geoffroy Saint Hilaire
Bd Saint Marcel
St Marcel
R. des Wallons
R. Jeanne d'Arc
Boulevard de Port Royal
Sq. d. Port Royal
R. de la Collégiale
R. de la Reine Blanche
R. Le Brun
R. Oudry
R. Pirandello
Ec. de Chimie
Pl. Louis Armstrong
Rue de la Santé
R. de la Glacière
R. St Hippolyte
Boulevard Arago
R. des Gobelins
Les Gobelins
Rue du Banquier
Campo Formio
R. de Campo Formio
Clin. Villa Isis
R. des Cordelières
Manufacture des Gobelins
Mobilier National
Lycée Tech.
Sq. Henri Cadiou
Hôpital Broca
Rue Nordmann
R. L. Maurice Nordmann
R. des Tanneries
R. de Croulebarbe
R. Véronèse
R. Rubens
R. Primatice
École Nationale d'Arts et Métiers
R. E. Manet
R. Stéphen Pichon
Rue Pinel
Square René Le Gall
Lycée Rodin
R. du Champ de l'Alouette
Rue Vulpian
Rue des Reculettes
Rue Hovelacque
Av. de la Sœur Rosalie
Mairie
Place d'Italie
Pl. d'Italie
Pl. des Alpes
Bd Auguste Blanqui
Ste-Irénée
Glacière
R. P. Gervais
Ste-Rosalie
Lycée Technique Estienne
R. A. Bayet
Deux Moulins
Avenue de Choisy
Lycée
Rue de la Santé
R. Sœur Catherine Marie
Theatre 13
R. Vergniaud
R. Dantec
Corvisart
Rue Corvisart
R. Barrault
Pge Barrault
R. des Diamants
Rue Bobillot
Av. d'Italie
Av. de Choisy
R. G. Eastman
Clin. Dent. et de Stom.
Parc de Choisy
St-Albert le Grand
Daviel
Rue Vandrezanne

la Bastille
B
C
Ledru Rollin
Sully Morland
Opéra Bastille
Hôp. Quinze Vingts
Préfecture de Paris
Caserne
Seine
Quai de la Rapée
Pl. Mazas
Gare de Lyon
Cour L. Armand
Pl. Henri Frenay
Institut Médico Légal
Place Valhubert
Gare d'Austerlitz
Ménagerie
Jardin des Plantes
Muséum National d'Histoire Naturelle
Maison de la R.A.T.P.
Min. de l'Economie des Finances et du Budget
Square Marie-Curie
St Marcel
Pitié-Salpêtrière
Centre Hospitalier Universitaire
Pl. Louis Armstrong
Quai de la Gare
Pl. Jean Vilar
Bibliothèque Nationale de France F. Mitterand
Chevaleret
Nationale
Sq. G. Mesureur
Pl. Pinel
Sq. Luis Bay
Place Jeanne d'Arc
Pl. Souham
Pl. Nationale
Pl. du Dr. Navarre
Bibliothèque F. Mitterand
Boulevard Vincent Auriol
Quai d'Austerlitz
Quai Saint Bernard
Boulevard de l'Hôpital
Boulevard de Bercy
Pont de Bercy
Pont d'Austerlitz
Pont Morland
Quai François Mauriac
Rue de Tolbiac
Rue du Chevaleret
Rue de Lyon
Avenue Daumesnil
Rue Villiot
Rue Parrot
en constr./2007

125

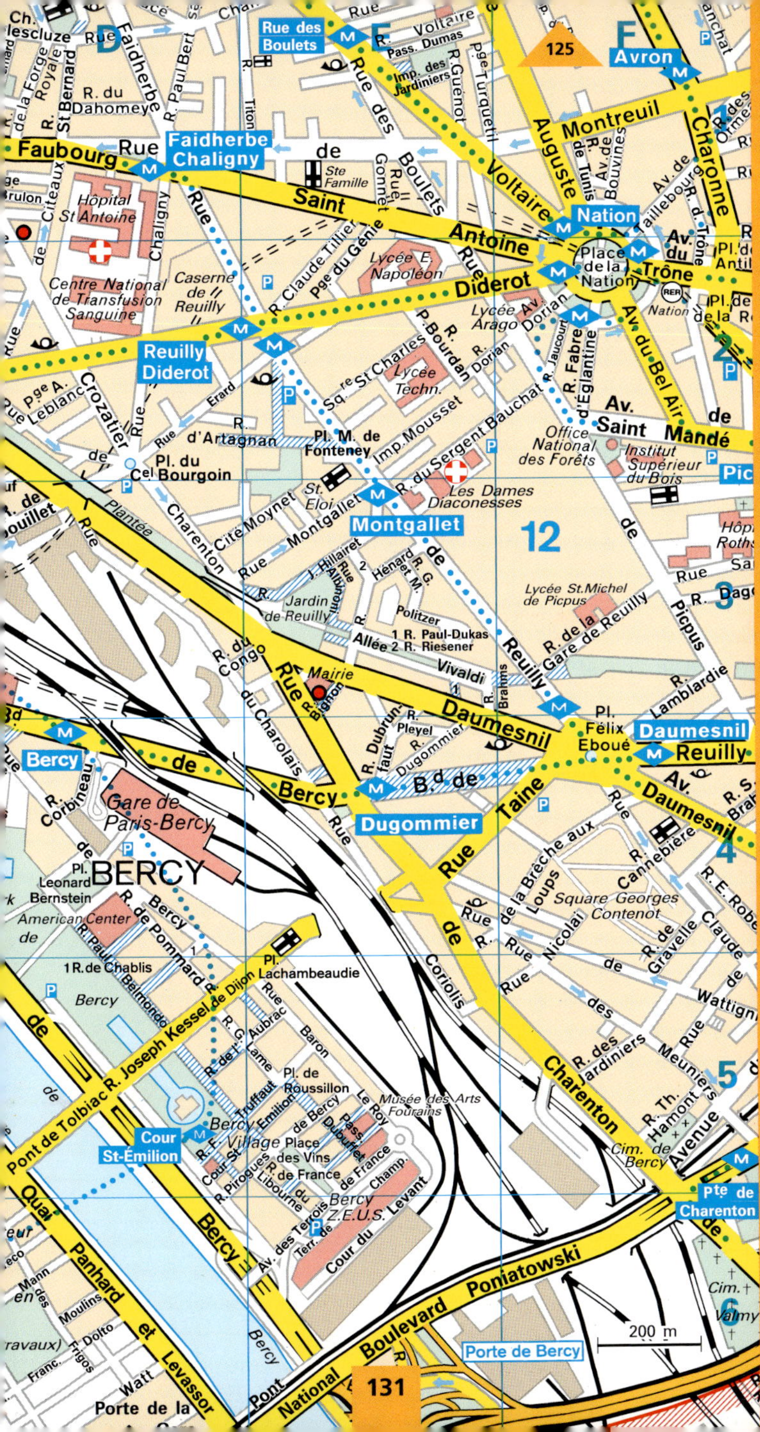
D
E
F
Rue des Boulets
Avron
Rue Voltaire
Pass. Dumas
Imp. des Jardiniers
R. Guénot
Pge Turquetil
R. du Dahomey
R. Faidherbe
R. Paul Bert
Rue de la Forge Royale
R. St Bernard
Faidherbe Chaligny
Rue du Faubourg Saint Antoine
Ste Famille
Rue Gonnet
Rue des Boulets
Voltaire
Auguste
Montreuil
R. de Tunis
Av. de Bouvines
Charonne
Nation
Place de la Nation
Av. de Taillebourg
R. du Trône
Av. du Trône
Pl. des Antilles
Hôpital St Antoine
Centre National de Transfusion Sanguine
Caserne de Reuilly
Rue Chaligny
R. de Cîteaux
R. Claude Tillier
Pge du Génie
Lycée E. Napoléon
Diderot
Lycée Arago
Av. Dorian
Nation
Av. du Bel Air
Reuilly Diderot
R. St Charles
Lycée Techn.
R. P. Bourdan
R. Dorian
R. Jaucourt
R. Fabre d'Églantine
Av. de Saint Mandé
Pge A. Leblanc
Rue Crozatier
Rue Erard
R. d'Artagnan
Pl. M. de Fonteney
Imp. Mousset
R. du Sergent Bauchat
Office National des Forêts
Institut Supérieur du Bois
Pl. du Cel Bourgoin
Rue de Charenton
Plantée
St. Eloi
Cité Moynet
Rue Montgallet
R. du Sergent Bauchat
Les Dames Diaconesses
Montgallet
12
Hôpital Rothschild
Rue de Picpus
R. J. Hillairet
Rue Albinoni
Henard
R. G. et M. Politzer
Jardin de Reuilly
Allée
1 R. Paul-Dukas
2 R. Riesener
Vivaldi
Lycée St.Michel de Picpus
R. de la Gare de Reuilly
R. du Congo
Rue de Charolais
Mairie
R. Bignon
R. Brahms
R. Lamblardie
Daumesnil
Pl. Félix Eboué
Daumesnil
Reuilly
Av. Daumesnil
R. Dubrunfaut
R. Pleyel
R. Dugommier
Bd de Bercy
Bercy
Dugommier
Rue Taine
R. Corbineau
Gare de Paris-Bercy
BERCY
Pl. Leonard Bernstein
American Center
R. de Bercy
R. de Pommard
R. Paul Belmondo
1 R. de Chablis
Bercy
Rue de la Brèche aux Loups
Square Georges Contenot
R. Nicolaï
R. de Gravelle
Rue Claude Decaen
R. Cannebière
R. E. Robert
Rue de Wattignies
Rue de Coriolis
Pl. Lachambeaudie
R. Joseph Kessel
R. de Dijon
Rue Baron
R. G. Lame
R. de l'Aubrac
R. Truffaut
Pl. de Roussillon
Rue Émilion
Le Roy
Musée des Arts Forains
Pass. Dubuffet
Bercy Village
Place des Vins de France
Cour St-Émilion
Pont de Tolbiac
Quai de Bercy
R. Pirogues
R. de Libourne
R. de France
Champ.
Bercy Z.E.U.S.
Terr. des Terroirs
Cour du Levant
Av. des Terroirs
Rue des Jardiniers
Rue des Meuniers
Charenton
R. Th. Hamont
Avenue
Cim. de Bercy
Pte de Charenton
Boulevard Poniatowski
Pont National
Porte de Bercy
Cim. Valmy
200 m
Quai Panhard et Levassor
R. Watt
R. Franc. Dolto
Frigos
Moulins
Porte de la
1
2
3
4
5
6

Les Arrondissements de Paris

D
E
F
2 km
1
2
3
4
5
6
SAINT-OUEN
AUBERVILLIERS
PANTIN
LE PRÉ-ST-GERVAIS
LES LILAS
BAGNOLET
MONTREUIL
ST-MANDÉ
Bois de Vincennes
ST-MAURICE
CHARENTON
IVRY-SUR-SEINE
ALFORTVILLE
GENTILLY
LE KREMLIN-BICÊTRE
N 14
N 301
N 2
N 3
A 1
A 3
N 302
N 34
N 6
N 19
A 4
N 305
N 7
A 6a
A 6b
Av. Michelet
Av. de la Clignancourt
Av. de la Chapelle
Porte de la Chapelle
Porte d'Aubervilliers
Porte de la Villette
Porte de Clignancourt
Ney
Bd. Ney
Bd. Macdonald
Av. V. Hugo
Av. Jean Jaurès
Edouard Vaillant
Général Leclerc
Rue de la Chapelle
Bd. Ornano
Marcadet
18
Butte Montmartre
Sacré Cœur
Bd. Barbès
Bd. de Rochechouart
Bd. de la Chapelle
Rue Riquet
Rue d'Aubervilliers
Rue de Flandre
Avenue de Flandre
Avenue Jean Jaurès
Boulevard Sérurier
Avenue Jean Jaurès
Avenue Jean Lolive
R. Méhul
Av. de la Résistance
Porte de Pantin
Porte du Pré St-Gervais
R. du Bois
R. de Paris
Porte des Lilas
Av. Pasteur
Av. Gambetta
19
Buttes Chaumonts
Simon Bolivar
Opéra
9
Gare du Nord
Gare de l'Est
Rue La Fayette
Rue de Châteaudun
Opéra National
Boulevards
R. de Poissonnière
Bd. de Strasbourg
Bd. de Magenta
Enclos-St-Laurent
10
R. du Fg. du Temple
Bd. de la Villette
Rue de Belleville
Bd. de Belleville
R. de Ménilmontant
Avenue Gambetta
Bd. Mortier
Ménilmontant
20
R. Belgrand
Av. Gambetta
Porte de Bagnolet
Av. de la République
Bourse
2
R. Réaumur
Pl. des Victoires
Palais Royal
Rue Rivoli
du Louvre
Place de la République
Avenue de la République
Turbigo
R. du Temple
Bd. de Sébastopol
Temple
3
Centre Pompidou
Bd. Beaumarchais
Bd. Richard Lenoir
Boulevard Voltaire
St-Ambroise
Popincourt
11
Rue de la Roquette
Bd. de Ménilmontant
Av. Ph. Auguste
Bd. de Charonne
Boulevard Davout
Rue de Paris
Porte de Montreuil
R. d'Avron
Palais de Justice
Hôtel de Ville
R. de Rivoli
4
Hôtel de Ville
Notre-Dame
Place de la Bastille
Opéra Bastille
R. d. Faubourg St-Antoine
Place de la Nation
Cours de Vincennes
Rue de Lagny
Porte de Vincennes
Bd. St-Germain
Bd. Henri IV
Q. Henri IV
Quai St-Bernard
Bd. Saint-Michel
Panthéon
Panthéon
5
Rue Monge
Rue C. Bernard
R. Buffon
Boulevard Diderot
Gare de Lyon
Daumesnil
Reuilly
12
Bd. de Picpus
Boulevard Soult
Av. de St-Mandé
Porte de St-Mandé
Av. du Gal de Gaulle
Seine
Q. de la Rapée
Gare d'Austerlitz
Palais Omnisports de Paris-Bercy
R. de Charenton
Av. Daumesnil
Bd. du Port Royal
Observatoire
Arago
Av. des Gobelins
Bd. de l'Hôpital
Rue Jeanne d'Arc
Bd. Vincent Auriol
Q. de la Gare
Quai de Bercy
Bd. Poniatowski
Porte Dorée
Daumesnil
Porte de Charenton
Bd. Auguste Blanqui
Place d'Italie
Gobelins
13
R. de la Santé
R. de Patay
R. de Tolbiac
Alésia
Rue de Tolbiac
Massena
Avenue d'Italie
Av. de Choisy
Boulevard Masséna
Porte de Bercy
Rue de Paris
Avenue de Gravelle
Quai d'Ivry
Bd. Paul Vaillant Couturier
Quai des Carrières
Marne
Pont d'Ivry
Jourdan
Bd. Kellermann
Porte de Gentilly
Porte d'Italie
Porte d'Ivry
Rue Lénine
Av. de Verdun
Seine

A
B
C
1
2
3
4
5
6
Osny
Gisors
Pontoise
Musée
Hélipor
Méry
Amiens
Villiers-Adam
D 104
Beauvais
N184
Frépillon
SNCF
Abbée de Maubuisson
RER
Béthemont-la-Forêt
Chauvry
Rouen
Maubuisson
Taverny
N328
Forêt de Montmorency
Cergy-Pontoise
L'Oise
Beauchamp Z.A.
Beauchamp
St-Leu
Dom
A115
Eaubonne
Jouy-le-Moutier
Conflans-
A1
St-Leu
Herblay
Ermont
Montmore
Maurecourt
St-Honorine
Herblay
Francon-ville
Ermont
Franconville
Andrésy
Enghien
Cormeilles
St-Gratien
N184
Maisons-Laffitte
Parc
Seine
Rouen, Giverny
Achères
Argenteuil-Cote.
Forêt de RER
Argenteuil
Sannois
Poissy
Bezons
Gennevilliers
Parcs
St-Germain
Argenteuil
N.Dame
A86
Bois-Colombes
Villeneuve La Garenne
ST-GERMAIN-en-Laye
Houilles
Musée
Terrasse
A14
Nanterre
Colombes
Asnières
Clic
N13
Jardin Anglais
Bezons
Cham-bourcy
le Vésinet
Courbevoie
La Gde Arche
Neuilly-s-Seine
Musée
RER
Nanterre
Forêt
Parc
Chatou
Expo
Arc de Triomphe
Marly le Roi
Rueil-Malmaison
Musée
Boulogne-Billancourt
de Marly-le-Roi
E5
St-Nom
Parc de Marly
Noisy-le Roi
A13
St-Cloud
St. Cloud
Tour Eiffel
Pavillon du Butard
Porte d´Auteuil
Parc
Bailly
Vaucresson
le Chesnay
P. St-Cloud
Jardin
Expo
Arboretum
Trianons
Parc
Manufact
Sèvres
Montrouge
Bois-d'Arcy
A1
Jardins
Château
VERSAILLES
Meudon
Clamart
Dreux
St-Cyr
Musée
Chaville
Musée
Chêne d.Missions
Observa-torie
SNCF
RER
Bagneux
St-Quentin
Bièvre
Vélizy-C.
A86
Jouy-en-J.
RER
Parc de Sceaux
Sceaux
Rose
l'Ha
Rung
Montigny
Guyan-court
Buc
les Loges
Musée
Bièvres
Antony
Fresnes
Fresnes
Rambouillet
D91
Magny-l.-H.
Toussus-le-Noble
Vau-hallan
Longjumeau
Châteaufort
Parc Régional de la Haute Vallée de Chevreuse
Saclay
Palaiseau
N118
École Poly-technique
Massy
Igny
Chevreuse
Ch. de la Chevreuse
St-Aubin
St-Rémy
Massy
Wissous
Palaiseau
N306
Gif
Orsay
Orsay
Chât. de Coubertin
RER
Villebon
Bures-s-Y.
Courtabœuf
E5
N20
A6
E15
Villejust
Longjumeau
Gometz
les Ulis
A1
Orléans, Le Mans
Nozay
Villemoisson
les Molières
T.G.V
la Ville-du-Bois
© Hallwag AG, Bern
4 km
Janvry
Étampes

D
E
F
Chantilly
le Mesnil-Aubry
Fontenay-en-P.
Louvres
Valenciennes, Lille
le-Neuf
Dammartin-en-Goële
Moussy
Villeron
Chennevières
le-Vieux
N104
Goussainville
Mauregard
D401
Ville-neuve
N2
1
Soissons
Ezanville
N16
Bouqueval
Écouen
Villiers
T.G.V.
le Thillay
Roissy
RER
le Mesnil-Amelot
Thieux
Sarcelles
Aéroport Charles de Gaulle
Compans
RER
SNCF
Gonesse
N17
Mitry-Mory
A1
E15
Garges
SNCF
RER
Groslay
Aéroport du Bourget
Parc des Expositions
Pierrefitte
Tremblay
2
Meaux
Gressy
Parc
Stains
Musée de l'Air
Villepinte
Can. de l'Ourcq
Parc
Expo
Ville-parisis
6a
N3
A3
Aulnay Z.I.
Claye-Souilly
Aulnay-s/s-Bois
Parc
6b
le Bourget
Aulnay C.
Vaujours
Ville-vaudé
Stade de France
Drancy
les Pavillons
Livry-Gargan
Coubron
le Pin
E15
Bondy-N.
Bobigny
N.D. des Anges
Bobigny
le Raincy
Clichy
A104
Bondy
SNCF
3
Aubervilliers
Romain-ville
Gagny
Pantin
Brou-s-Chantereine
Romain-ville
Rosny-s/s-B.
Chelles
Rosny-C.
Marne-la-V./Lagny
PARIS
A3
Champs-s-M.
St. Thibault-des-V.
Porte de Bagnolet
Mon-treuil
A86
Neuilly-Plaisance
Champs
Noisiel
Torcy
Noisiel
Vin-cennes
Nogent-s-M.
A199
Noisy-le-Gd.
Château de Vincennes
Parc
RER
A4
E50
Porte de Bercy
Joinville
Emerain-ville
Porte d'Italie
Val Maubuée
4
Reims, Disneyland
Ivry-s-Seine
Maisons-Alfort
Joinville
Champigny-s-M.
Créteil-L'Echat
Chennevières
Roissy
St-Maur
D51
Bonneuil
Marne
Ormesson
la-Queue-en-Brie
Créteil
Pontault-Combault
Vitry-s-S.
Thiais
A86
Bonneuil
Choisy-le-Roi
Hôtel de Ville
Noiseau
N4
la Francilienne
Thiais
Sucy-en-Brie
Forêt de Notre Dame
Ozoir-la-F.
Boissy-St-Léger
Rungis
Valenton
RER
Chât. de Gros-Bois
Lésigny
5
Tournan
Orly
SNCF
Villeneuve-St-G.
Santeny
Férolles
Villeneuve-le Roi
Yerres
N19
Servon
Chevry
Port d'Orly
Villecresnes
D51
Brie-Comte-Robert
T.G.V.
Seine
Athis-Mons
Mandres-les-Roses
Grisy
Montgeron
Brunoy
Moulin de Jarcy
N7
Draveil
N6
Epinay
6
Savigny-s-O.
Varennes-Jarcy
Viry-Châtillon
Forêt de Sénart
Quincy
Grégy
Champrosay
Cordon
Guignes
Musée
Soisy-s-S.
Combs-la-Ville
Evry
Auxerre, Dijon
Grigny
Melun
Melun
N105

Das Register enthält eine Auswahl der im Cityatlas dargestellten Straßen und Plätze

K

L

M

N

O

P

In diesem Register sind alle im Reiseführer erwähnten Sehenswürdigkeiten und Ausflugsziele sowie einige wichtige Straßen und Plätze aufgeführt. Halbfette Seitenzahlen verweisen auf den Haupteintrag, kursive auf ein Foto.

Schreiben Sie uns!

Liebe Leserin, lieber Leser,

wir setzen alles daran, Ihnen möglichst aktuelle Informationen mit auf die Reise zu geben. Dennoch schleichen sich manchmal Fehler ein – trotz gründlicher Recherche unserer Autoren/innen. Sie haben sicherlich Verständnis, dass der Verlag dafür keine Haftung übernehmen kann. Wir freuen uns aber, wenn Sie uns schreiben.

Senden Sie Ihre Post an die MARCO POLO Redaktion,
MAIRDUMONT, Postfach 31 51, 73751 Ostfildern,
info@marcopolo.de

Impressum

Titelbild: Blick von der Place du Trocadéro auf den Eiffelturm (Huber: Damm)
Fotos: R. Freyer (U. M., 67, 76, 77, 78, 89); Huber: Damm (109); H. Krinitz (U. l., U. r., 2 o., 2 u., 4, 5 l., 5 r., 7, 8, 11, 12, 16, 17, 19, 20, 23, 28, 32, 34, 37, 39, 40, 42, 48, 50, 53, 55, 60, 62, 65, 83, 85, 91, 98); laif: Celentano (73), Ebert (69); Mauritius: Raga (94), Scott (92); C. Naundorf (15, 18, 24, 26, 30, 38, 44, 47, 56, 58, 68, 86, 96); Naundorf/Siegmann (6); O. Stadler (1, 49)

3. (17.) Auflage 2006 © MAIRDUMONT, Ostfildern
Herausgeber: Ferdinand Ranft, Chefredakteurin: Marion Zorn
Redaktion: Arnd M. Schuppius, Bildredaktion: Gabriele Forst
Kartografie Cityatlas: © Falk Verlag, Ostfildern; Hallwag-Kümmerly + Frey AG, CH-Schönbühl/Bern
Vermarktung: MAIRDUMONT MEDIA, media@mairdumont.com
Gestaltung: red.sign, Stuttgart
Sprachführer: in Zusammenarbeit mit Ernst Klett Sprachen GmbH, Stuttgart, Redaktion PONS Wörterbücher

Printed in Germany. Gedruckt auf 100% chlorfrei gebleichtem Papier

Bloß nicht!

Was Sie in Paris möglichst vermeiden sollten

Im Restaurant selbst den Platz aussuchen

Wer in ein Restaurant kommt, sollte möglichst nicht gleich auf einen freien Tisch zustürmen. In Paris ist es üblich, darauf zu warten, vom Kellner an einen von ihm bestimmten Tisch geführt zu werden. Natürlich lässt er in der Regel mit sich reden, wenn Sie mit dem Platz dann nicht einverstanden sind.

Die Klappsitze in der Métro benutzen

Als im doppelten Sinn äußerst anstößig gelten in Paris Leute, die in überfüllten U-Bahnen auf den in der Nähe der Türen angebrachten Klappsitzen Platz nehmen. Sobald es eng wird, sollten Sie aufstehen. Andernfalls werden Sie als ziemlich schlecht erzogener Franzose oder aber als recht unsensibler Tourist angesehen.

Abends in gefährlichen Gegenden bummeln

Vor allem spätabends sollten Sie die meisten Vororte im Norden, Osten und teilweise auch Süden der Stadt möglichst meiden. Ebenso in der Gegend um die Métrostationen Strasbourg-Saint-Denis, Stalingrad und Châtelet-Les Halles sollten Sie dann vorsichtig sein. Auch der Bereich um die Porte Dauphine und der Bois de Boulogne (Straßenstrich) haben einen schlechten Ruf.

Bier an Touristenfallen trinken

Wer unbedingt auf den Champs-Elysées, am Place du Tertre oder anderen Touristenzentren ein Bier trinken muss und dann auch noch ein großes, erlebt meist eine böse Überraschung. Die Rechnung ist an solchen Orten gesalzen und erreicht manchmal das Drei- bis Vierfache der Preise an anderen Plätzen. Übrigens: Ein *démi* ist kein halber Liter, sondern 0,25 l.

Auf den Mitleidstrick hereinfallen

Um den Eiffelturm und am Arc de Triomphe gibt es Leute, die behaupten, sie seien ausgeraubte Touristen, denen die Kreditkarte gestohlen wurde. Um wieder nach Hause zu kommen, bitten sie die ahnungslosen Touristen um Geld und bieten als Gegengabe angebliche Markenkleidung. Wer sich darauf einlässt, zahlt kräftig drauf.

Pizza essen

Es gibt Ausnahmen, aber im Allgemeinen lässt die Qualität dieser beliebten Touristenspeise in Paris sehr zu wünschen übrig: Meist ist der Teig weich, die Pizza fett, und oft sind es auch nicht die richtigen Zutaten. Nur wenige sind im Holzofen zubereitet, die Preise sind hoch. Besuchen Sie lieber eine Crêperie oder eine der manchmal guten Sandwicherien, wenn Sie nicht groß essen gehen wollen.